紛争事例に学ぶ、ITユーザの心得

【ユーザとベンダの役割分担・信頼関係・他編】

細川義洋

本書内容に関するお問い合わせについて

このたびは翔泳社の書籍をお買い上げいただき、誠にありがとうございます。弊社では、読者の皆様からのお問い合わせに適切に対応させていただくため、以下のガイドラインへのご協力をお願い致しております。下記項目をお読みいただき、手順に従ってお問い合わせください。

●ご質問される前に

弊社Webサイトの「正誤表」をご参照ください。これまでに判明した正誤や追加情報を掲載しています。

正誤表　https://www.shoeisha.co.jp/book/errata/

●ご質問方法

弊社Webサイトの「刊行物Q&A」をご利用ください。

刊行物Q&A　https://www.shoeisha.co.jp/book/qa/

インターネットをご利用でない場合は、FAXまたは郵便にて、下記"翔泳社 愛読者サービスセンター"までお問い合わせください。
電話でのご質問は、お受けしておりません。

●回答について

回答は、ご質問いただいた手段によってご返事申し上げます。ご質問の内容によっては、回答に数日ないしはそれ以上の期間を要する場合があります。

●ご質問に際してのご注意

本書の対象を越えるもの、記述個所を特定されないもの、また読者固有の環境に起因するご質問等にはお答えできませんので、予めご了承ください。

●郵便物送付先およびFAX番号

送付先住所　〒160-0006　東京都新宿区舟町5

FAX番号　03-5362-3818

宛先　　　　（株）翔泳社 愛読者サービスセンター

※本書に記載されたURL等は予告なく変更される場合があります。

※本書の出版にあたっては正確な記述につとめましたが、著者や出版社などのいずれも、本書の内容に対してなんらかの保証をするものではなく、内容やサンプルに基づくいかなる運用結果に関してもいっさいの責任を負いません。

※本書に掲載されているサンプルプログラムやスクリプト、および実行結果を記した画面イメージなどは、特定の設定に基づいた環境にて再現される一例です。

※本書に記載されている会社名、製品名はそれぞれ各社の商標および登録商標です。

まえがき

　私が Enterprise Zine で IT 紛争に関わる連載を初めてから、早いもの
で、もう 4 年半の月日が流れました。この間、この連載を読んでいただ
き、支えていただいた多くの皆様には、本当に感謝の念が絶えず、改めて
深く御礼を申し上げます。

　さて、この間、IT 紛争の事例や実際の IT 導入現場で見聞きする問題の
数々に触れてきたわけですが、残念ながら、その状況に大きな変化は見ら
れません。例えば、ユーザが要件を次々に変更してプロジェクトが破綻し
た、ベンダ側の品質管理に問題があって不具合だらけのシステムが納入さ
れたといった問題が、相変わらず頻発している現状には変わりがないよう
に思えます。その意味では、IT の紛争事例を反面教師として、こうした不
幸を少しでも減らそうと考える私自身、より一層の努力と研鑽が必要であ
るとの反省が大きいことは否めない事実でもあります。

　IT の紛争というと、高度な技術論や学識がぶつかり合う紛争現場を想
像される方も多いかもしれません。確かにそういう一面も否定はできませ
んが、実際のところ、その根本原因を見ると、実に人間らしい誤解、考慮
漏れ、言い間違いや聞き間違い、言葉足らずといったことに根ざしている
事件が非常に多いことも事実です。「この機能を実装すると言ったじゃな
いか」「いえ、約束まではしていません」、「今日までに決めてくれるって
お約束いただきましたよね」「いや最近多忙だったので」、「やっぱり、こ
のパッケージソフトでは技術的に実現不可能でして」「ええ？　大丈夫っ
て言ったじゃない」…こんな人間臭いやりとりで何千万円、何億円という
金額を争う紛争が起きてしまうのが IT の世界です。

　本書は、こうした人間だからこそ起こしてしまう多くの問題を孕む IT
紛争の事例を取り上げ、読者の皆様に、こうしたことに巻き込まれないた
めにはどうするのか？ということを考えていただきたいと考え、前述の
WEB 連載の近年の記事から、参考になりそうな判例を選んでまとめたも
のです。読者の皆様には、各紛争の原因と対処を教科書的に抽出いただく
だけでなく、その裏にある人間臭さ——要件を後々から思いついてしまっ
たユーザの困った顔や、徹夜続きで、ついつい十分なテストやレビューを
しきれなかったベンダの疲れた様子、技術用語がわからないまま首を縦に

3

振ってしまうユーザ、お客様の言うことだからとなんでも受けてしまって後悔するベンダの顔など——も想像していただきながら、IT に関連する人間が持つべきメンタリティなどにも思いを馳せていただければと思います。

　結局、IT の成否は人の心次第、それが長く裁判所などで IT 紛争を見続けてきた私の率直な思いです。

　この本が、皆様方の円滑な IT 導入と快適なビジネスに少しでも寄与できれば、これ以上の幸いはありません。

細川 義洋

目次

まえがき	3

第I部　役割分担　　　　　　　　　　　　　　　　　　　　　9

第1章　要件定義におけるNGワード「現行機能の網羅・踏襲」　11
について考える

"現行機能の網羅"の理解がベンダとユーザで異なったプロジェクト	12
"現行機能の網羅"が招く問題は日常茶飯事	13
"現行機能の網羅"は要件か	14
パッケージソフトにない機能は具体的かつ詳細に文書化する	15

第2章　カスタマイズ要件で定義されない機能は現行通り？　17

カスタマイズ要件に記されなかった要件への対応を巡る争い	18
要件として定義されないものは「現行通り」か「パッケージに従う」か	20
パッケージを使う以上、業務をそれに合わせて変える覚悟が必要	22

第3章　このシステムは完成したのか？　23
自分で見分けられないユーザ

ユーザ企業の知識不足が混乱させたプロジェクトの例	24
それでもベンダの責任は問われるのか	25
判決から見える日本のユーザ企業の弱み	26
システム作りは自分で主導する時代	27

第4章　中途半端なアジャイルが招く危険　29

アジャイル開発の同床異夢	30
増えてきたアジャイル開発	31
アジャイル開発でも記録は必要	32
しかし、問題は記録のあるなしではない	33
ユーザが主導する業務のウォークスルーで網羅性を担保する	34

第5章　旭川医大事件——プロジェクト管理義務の限界　37

ユーザの要件追加変更を制御するのはベンダの役割？	38
プロジェクト管理義務の限界	39
教科書通りの要件定義ができない場合もある	41
ベンダに自分達の異常性を知ってもらう	41

第6章　プロジェクト管理義務違反とは言うけれど……　43

パッケージソフトウェア導入時にありがちなユーザ内部の争い	44
パッケージソフトウェアのカスタマイズを巡る裁判の例	45

ITベンダのプロジェクト管理義務違反を問えるか 46
IT導入の目的を変えるような変更要求はプロジェクト以前の問題 48

第7章　旧システムのデータ不整合に対処する責任はどちらに？ 49
不整合データの移行が失敗した訴訟の例 50
正しいデータの提供まではユーザの協力義務？ 51
専門家責任は場合によりけり 54

第8章　データ移行におけるユーザ側の協力義務 57
──旧データの理解不足が招く危険
ユーザの協力義務が問われた裁判の例 59
旧システムを知らないベンダとIT知識のないユーザ。責任はどちらに？ 60
ユーザの協力義務 61
今後のビジネスにおけるITスキルの重要性 62

第9章　ユーザ側の責任と協力の重要性 63
ユーザ企業の知識不足が混乱させたプロジェクトの例 64
"ベンダの謝罪"は裁判で重要視されるのか 65
プロジェクト成功への鍵 66

第10章　システム開発の検収におけるユーザの債務 69
ユーザが検収を拒否した事例 70
システム完成の条件とは？ 71
不具合のあるシステムは完成しているのか？ 73
検収行為はユーザの「債務」 73

第11章　サーバホスティング事業者に預けた 75
ソフトウェアの滅失
サーバホスティング事業者に預けたプログラムとデータがなくなった 76
直接契約のないサーバホスティング事業者に損害賠償を求められるのか 78
サーバホスティング事業者の責任は限定的であることを前提に 79

第II部　信頼関係 81

第12章　ベンダに期待だけさせて裏切ったユーザ 83
後続工程の発注を巡る紛争の例 85
作業範囲や金額の合意がなくても契約破棄は成り立つか 86
実際には、ついつい、信義則に違反してしまうことも…… 87

第13章　勝手に値引きを期待していたユーザ 89
ユーザがベンダを裏切る例は多い 90
裏切るつもりはなくても、「甘い期待」がプロジェクトの失敗を生む 90
「見積もり通り」と作業を始めたベンダ/値引きを期待したユーザ 91

「値引きしてくれるだろう」は誰にでもある甘い期待	92
交渉がうまくいかないときにはステアリングコミッティ	93

第14章　「契約確実」という言葉は信義則違反？　　95

契約前にベンダに作業をさせるのは許されるか	96
ユーザが「契約確実」という言葉を反故にした事例	97
ベンダにはユーザが考える以上の損失が発生している	98
ベンダに「契約確実」と誤信させる行為は損害賠償の対象	99
ベンダも契約前の作業には多面的な確認とリスクテイクが必須	100

第15章　突然の契約継続拒否に狼狽するベンダ　　101

保守契約の延長を拒絶されたベンダが損害賠償を求めた裁判	102
ベンダの作業品質に不満があれば、契約延長の拒否はユーザの自由だが……	103
ユーザ側は厳しい態度も必要	104
ベンダ側が心掛けたいこと	105

第16章　不具合を直しきらずに契約解除したベンダ　　107

システムの不具合を巡る裁判の例	108
不具合を直しきれなかったベンダに代金を支払う必要があるのか	109
不具合を解消しきれなくても、債務は履行している	110
ベンダの謝罪があっても、それは評価されない	111

第III部　他の注視すべきIT紛争　　113

第17章　開発に失敗したらパッケージソフトの代金も　　115
返してもらえる？

システム導入の契約書を精査していますか？	116
システム開発契約とパッケージソフトの売買契約の関係が問題になった例	116
使えないソフトウェアに代金は払うのか	117
使えないソフトウェアを抱え込んで困らないために	119

第18章　人工知能時代の権利争い　　121

AIブームにおける新たな問題とは	122
人工知能の特許を巡る紛争	123
両者の機能の違いと主張	123
着目すべきはアルゴリズム	124
人工知能を使う企業が今後すべきこと	125

第19章　企業のドメインを巡るトラブル──名前を含む　　127
ドメインの買い取りを要求されたら？

有名企業の名前を含むドメインを取得し買い取りを要求した事件	128
ドメインの買い取り要求に対抗できるのか	129
不正競争防止法のことを知っておけば、慌てる必要なし	130

第20章　中途採用した技術者が経歴詐称だった　　131

中途採用希望者の業務経歴書は信用できるか　　132
経歴書と面接での嘘を理由に解雇できるか　　133
払った給料を損害として賠償してもらえるのか　　134
業務経歴書や面接での言葉は鵜呑みにしない　　136

第 I 部

役割分担

第1章

要件定義におけるNGワード
「現行機能の網羅・踏襲」
について考える

第Ⅰ部　役割分担

　本章では、パッケージソフトウェアの開発を巡る紛争の例として、平成27年6月11日に東京高等裁判所で出た判決についてご紹介します。この判例には、「そもそもパッケージ開発において、"既存システムの機能通り"という言葉は要件となり得るか」という論点と、「システム開発の検収におけるユーザの債務」という論点の二つがあります。どちらもITユーザの方に、じっくりと考えていただきたい論点です。この判決については、本章と第10章の2回に分けてお話ししていきたいと思います。まず本章で扱うのは前者です。早速、事件の概要からご紹介しましょう。

"現行機能の網羅"の理解がベンダとユーザで異なったプロジェクト

（東京高等裁判所 平成27年6月11日判決より抜粋・要約）

　あるユーザ企業が自社の販売管理システム開発をベンダに委託し、要件定義、設計、構築、運用準備・移行サービスを内容とする開発基本契約を締結した。

　ベンダはこの契約に従ってこのシステムを開発し、ほぼ自社の作業が終わった時点で出来上がったシステムをユーザに見せながら内容の説明を行ったが、ユーザからは複数の不具合が指摘された。

　ユーザとベンダはこの指摘への対応について話し合い、結局、ユーザが追加費用を支払って開発を継続することで合意した。ところが、追加作業を行った後もユーザは満足せず、システムの検収と費用の支払いを拒んだため、ベンダが訴訟を提起した。

　ユーザが費用支払と検収を拒んだ理由は主に①システムに多数の不具合が存在すること、②既存のシステムにある機能を新しいシステムが網羅していないことだったが、ベンダは①については、システム開発である以上多少の不具合混入は不可避であり、これは債務不履行ではなく瑕疵担保責任として対応すべきものであること、②については、既存システムの機能は満たしていると主張した。

本章では、このうち②の「既存のシステムにある機能を新しいシステムが具備していない」という点について考えてみたいと思います。

ユーザは"既存機能を満たしていない"と言い、ベンダは"満たしている"と言っています。残念ながら、この開発の要件定義書は手元にありませんので、具体的にどのような機能を具備していなかったのかについて詳細はわかりません。ただ、判決文を見ると、とにかくユーザは、現在ある機能で今後も同じように使いたいものについて"既存のシステムに存在する機能を踏襲する"とだけ書いて、詳細は何も文書化していないようです。今のシステムを実際に見てくれればわかる、ということだったのだと思います。

現行機能の網羅"が招く問題は日常茶飯事

ただ、既存システムに代えて新しいシステムを、特にパッケージソフトによって開発する際には、ユーザが当然あると思い込んでいた機能がないということはしばしばあります。

一例を挙げましょう。私の知るある会社でも、そんな例がありました。

[コラム] パッケージソフトウェアの機能が既存業務と適合しなかった例

私の知るある企業で、生産管理のパッケージソフトを導入しようとしたとき、その機能が、ある意味便利すぎて問題になったことがあります。そのパッケージソフトは、製品の開発に遅延が生じたとき、スケジュールを遵守するために、開発に参加しているメンバーへの仕事の配分を勝手に調整してくれます。たとえばAさんの作業が3日遅れているなら、作業が進んでいるBさんにAさんを手伝わせて、全体のスケジュールを守るように人員計画を作ってくれるのです。

ところがその会社では、常日頃から自社の生産性を計測して業務改善に役立てようとしており、遅れたものは遅れたものとして管理して数値化しなければなりませんでした。事実、それまで使っていたシステムでは、勝手に要員を入れ替えてスケジュールを守る計画を立てるようなことはしていませんでした。新しいパッケージソフトでは、そ

第Ⅰ部　役割分担

うした悪い数字を取り込めないので、業務改善に必要なデータを得ることができないのです。

　この会社ではシステムの開発中に問題に気づき、パッケージソフトを自分達の従来のやり方に近いように改造することで対応ができました。

　この例にもある通り、"現行機能を網羅する・踏襲する"というだけの要件定義書は、お互いの都合のよい理解を招きトラブルの元になります（皆さんは書いていませんか？）。

"現行機能の網羅"は要件か

　さて、それでは、この紛争において裁判所はどのような判断を下したでしょうか。"現行機能の網羅"という文言は、果たして要件として認められるのでしょうか。

（東京高等裁判所 平成 27 年 6 月 11 日判決より抜粋・要約〈続き〉）

　（要件についての）当事者の合意は、要件定義書等の成果物に記載のあるものについてはこれによって認めることとし、こうした成果物に記載のないものについては、特段の事情のない限り、パッケージソフトの仕様によっているものと考えるのが合理的であるといえる。

　（中略）

　ユーザは、本件システム開発を行うこととなった動機となる事情や、本件システム確認書や本件提案書に「現システムの業務内容を継承」「現状の機能を網羅する」という記載があることを指摘して、現行システムと同等の機能を具備するものを開発する合意をしたとも主張するが、まず「現行システムと同等」とは、具体的にどのような水準・内容のものをいうのかが、そもそも明らかとならないし、（中略）パッケージソフトの仕様によりながら、これに運用や業務方法の見直しも併用して、新しいシステムを活用して今後の業務を行っていくことも考えられるから、これらから、現行システムと同等の機能を

14

> 具備するものを開発する合意が認められることにはならないというべきである。

　ご覧の通り、要件を明らかにするのに"現行機能の網羅"だけでは具体性に欠け、要件として不足であるとの判断です。裁判所も判決文の中で言っている通り、そもそもパッケージソフトを導入するということは、業務の在り方やシステムの運用を変えていくという行為であり、できる限りパッケージの持つ機能をそのまま利用するのが合理的です。つまり"何も書かれていなければパッケージの機能をそのまま使う"というのが基本的な考えなのです。それを敢えて、既存の機能通りに変更するなら、これを具体的かつ詳細にベンダに伝えた上で実現可能性があるものだけを要件と定め文書化するというのがあるべき姿です。

　「今のシステムを見てくれればわかるから……」などと、つい言ってしまいそうになりますが、この事件の例でも明らかなように、既存システムを新しいベンダが見て、その機能を網羅的に把握するのはなかなか困難であり、既存システムの確認はあくまで補完的作業にすぎないのです。

パッケージソフトにない機能は具体的かつ詳細に文書化する

　多少面倒ですが、活かしたい現行機能があるなら、その入出力情報と論理演算、なぜその機能を残したいのかという理由などを文書にして新しいベンダと共有することが必要です（その意味でも、開発の要件定義書は、そのシステムがライフサイクルを終えるまで管理すべきでしょう）。

　今やソフトウェアを一から組むというスクラッチ開発はその数を大幅に減らし、システムの導入はパッケージソフトやクラウド（SaaS）の利用が主流となりました。ユーザ企業は、まずパッケージやクラウドの持つ業務プロセスや機能に軸足を置いて要件を考え、たとえ既存システムで便利に使っていた機能であっても、それは「自社流の特別なやり方」であると認識した上で、しっかりとベンダに説明することが必要です。本章で紹介した事件の場合、他にもいくつかの争点があり、この点の重要性がどこまで

第 I 部　役割分担

大きかったのかはわかりませんが、私の周囲で行われているいくつかの開発プロジェクトにおいても、こういった"既存機能の踏襲"に関する問題はいくつか発生しています。

　このように、"現行機能の網羅・踏襲"は要件定義における NG ワードであると心得ましょう。

第2章

カスタマイズ要件で定義されない
機能は現行通り？

第Ⅰ部　役割分担

　第1章で取り扱った平成27年6月11日の判決ですが、ちょっと違う観点から見ると、ベンダの役割について大切な示唆を与えてもくれます。パッケージソフトウェアを使って既存システムの刷新を行う際、ユーザから明示されなかった要件をどのように捉えるかという点です。

　昨今は、ソフトウェアを一から作るスクラッチ開発はすっかり影を潜め、ベンダが提供するパッケージソフトウェアやクラウド上で提供されるアプリケーションあるいはサービスを自分達向けにカスタマイズ、変更して自社のITを構築することが、すっかり定番となった感があります。こうしたやり方は、一般にITコストが抑えられて品質もある程度担保されることから、ユーザ企業にとってはメリットも大きいのですが、その一方で、もともとパッケージやクラウドサービスが持っている機能と、自社がこれまでのシステムで使ってきた機能が違うことから問題になるケースもあります。第1章のコラムで取り扱ったような例です。

　コラムの例では、開発中に、パッケージソフトと従来の作業プロセスの違いに気付いて、うまく軌道修正することができました。しかし、世の中を見てみると、このようにパッケージの機能が自分達の今までのやり方と違い、しかもそのことを要件定義時に気づかずにモノづくりをしてしまった結果、こんなはずではなかったというエンドユーザからのクレームが絶えないシステムになってしまうという例は、かなり多くあります。平成27年6月11日の判決は、その一例でもあります。

　同じ判例の再掲で恐縮ですが、もう一度事件の概要からご覧ください。

カスタマイズ要件に記されなかった要件への対応を巡る争い

（東京高等裁判所 平成27年6月11日判決より）

　あるユーザ企業が、自社の販売管理システムの刷新をベンダに依頼し、ベンダは、あるパッケージソフトウェアをカスタマイズして構築することを提案して、ユーザもこれに同意し、開発が開始された。システムは、パッケージソフトウェアの改造点をとりまとめた「カスタ

マイズ機能一覧」を要件として開発されたが、それは全ての要件を網羅したものではなかった。一方で、契約前にベンダが示した提案書には、新システムにおいても「現状の機能を網羅すること」という記述があった。

　販売管理システムというのは、顧客からの注文を受け付けてその商品の在庫を調べ代金を請求し、顧客から入金があったら、その情報を管理し出荷を指示するというものです。これを機能として羅列すると、「注文受付」「在庫管理」「請求」「入金管理」「出荷管理」といった具合でしょうか。このくらいの粒度であれば、新しいパッケージソフトにもユーザがもともと使っていたシステムにも同じようなものがあったでしょうから、ベンダが提案書で言っていた「現行機能の網羅」というのも実現できることになります。

　しかし、ITの導入における要件定義というのは、これらをもっと細かくブレークダウンして行われます。注文受付にはどんな画面を作るのか、在庫管理の単位は個々の商品毎の他にそれを組み合わせたセット商品があるかないか、請求に分割払いはあるか、支払い方法は現金・クレジットカードの他に何があるのか。そういう細かいところになると、新しいパッケージソフトウェアと既存のシステムの間には、多くの違いがあり、パッケージソフトウェアのほうを改造する必要が出てくるわけです。その改造点をとりまとめたものが「カスタマイズ機能一覧」ということになり、開発（改造）は、これをもとに行われます。

　とはいえ実際に開発を進めていくと、当初作ったカスタマイズ機能一覧にはない部分で、ベンダがどう作ればよいのか迷う部分も沢山出てきます。「入金管理」で、銀行やクレジットカード会社には、どのようなタイミングでお金が支払われていることを確認するのか、「出荷管理」には戻入（一度出荷したが、何らかの事情で返ってきてしまった商品）の管理が必要かなど、当初は気づかなかった問題が出てきます。これは、システム開発を人間が行っている以上、どうしても避けられないことです。

　このシステムでも、そうしたことが沢山あったらしく、事件の概要は次のように続きます。

第Ⅰ部　役割分担

> **（東京高等裁判所 平成 27 年 6 月 11 日判決より）**
>
> 　ベンダは、本件システムを構築した後、ユーザに対して、システムの説明会を行ったが、ユーザからは機能の不足等が複数指摘され、ベンダはこれに対応するため、追加カスタマイズ契約を結んで、これに対応したが、ユーザはそれにも納得せず検収を行わなかった。
>
> 　ベンダは、ユーザに支払いを求めて訴訟を提起したが、ユーザ側は、ベンダが約束した機能を実現しなかった（債務不履行）として、損害賠償請求の反訴を提起した。

要件として定義されないものは「現行通り」か「パッケージに従う」か

　ユーザが新しいシステムのどこを機能不足と言っているのか、私の資料ではその詳細はわかりません。ただ確かなことは、当初の「カスタマイズ機能一覧」では定義されず後になってわかってきた問題に対して、ユーザとベンダの考え方が違っていたということです。

　ユーザのほうは、ベンダが提案書において「現行機能を網羅する」と言っているのは、カスタマイズ一覧にないものは現行のシステムと同じような動作をするシステムを作ることだと主張しています。

　一方で、ベンダのほうは「カスタマイズ機能一覧」にないものは、パッケージソフトが持つ機能をそのまま使うということであり、特に作業の必要はなかったと主張しています。

　「現行機能を網羅する」という文言があると、既存システムの通りに作るということなのか、それとも「カスタマイズ機能一覧」にない以上、ベンダはパッケージソフトウェアの改造を行う必要はないのか。裁判所は一体、どのような判決を下したのでしょう。

第2章　カスタマイズ要件で定義されない機能は現行通り？

（東京高等裁判所 平成27年6月11日判決より）

　パッケージソフトには業務遂行に必要な基本的な機能が装備されているから、これを基本にしてシステムを構築するのが原則であり、それでも賄えないユーザに特有な仕様についてはカスタマイズにより対応するものである。パッケージソフトにカスタマイズを加えることは、その分工数が増えることになるから、費用、開発期間等のメリットを生かすために、できるだけこれを少なくするほうが望ましい。仮に、ユーザにおいて既に採用されているシステムと全く合致するような機能及び業務処理手続を、新たにシステムに導入しようとすれば、必要なカスタマイズ工数が膨大になるとともに、仮にこれを実現した場合であっても、将来的な環境や条件の変化に対応したメンテナンスが困難になるという問題が生じる。そのため、開発にあたっての一般的な考え方としては、基本的には、カスタマイズを最小限にし、むしろ業務をパッケージに合わせるようにすることが重要であるとされている。

　（中略）

　以上のような、パッケージソフトを利用してカスタマイズを行う方法によりシステム開発をする際の問題状況からすれば、当事者の合意は、要件定義書等の成果物に記載のあるものについてはこれによって認めることとし、こうした成果物に記載のないものについては、特段の事情のない限り、パッケージソフトの仕様によっているものと考えるのが合理的であるといえる。

　長い引用でしたが、裁判所は、「パッケージソフトウェアを使うなら、カスタマイズ要件として定義されなかった部分は、そのままパッケージソフトウェアが持つ機能を使うのが"合理的"」と言っています。

　裁判所というところは、法律に照らして、どちらに非があり、どちらが正しいかという点を判断するというのが一般的なイメージで、確かに、そういう判断は多いのですが、ITの民事訴訟の場合には、このように"どうするのが合理的なのか"という考えに基づく判断を時々見ることがあります。

21

第Ⅰ部　役割分担

　「そもそも、あなた方（ユーザ）は、何を目指してパッケージソフトウェアを導入しようと思ったの？　開発コストを抑えることでしょ？　それなら、カスタマイズ機能一覧に書いていないことは、パッケージソフトウェアをそのまま使うというのが、そもそもの目的に合致していたんじゃない？」というわけです。

パッケージを使う以上、業務をそれに合わせて変える覚悟が必要

　このことを逆に考えると、パッケージソフトウェアを導入する、あるいはクラウドのサービスを利用するユーザには、やはり自社のそれまでのシステムや業務に固執せず、提供されたものに業務を合わせていく覚悟が必要ということになります。「注文受付」「在庫管理」のような大枠の機能はともかく、それを詳細化して、どんな画面を作るか、どんなデータ項目を扱うか、どんなオペレーションになるかといったことを考えるときには、どうしてもこれだけは譲れない、つまり当初の要件として挙がってくるものは別として、それ以外のものについては、原則としてパッケージソフトウェアに合わせて業務を変えていかなければなりません。それを受け入れる心構えが、ユーザに求められるのです。

　私のようなシステム開発現場出身の人間からすると、ユーザもベンダも、当初要件以外はパッケージの通りにというのは、そこまで簡単には割り切れないのではとも思います。しかし、もともとパッケージソフトウェアは、同じような業務における他社の成功事例も参考に作られており、それに合わせて業務を変えてしまうことが、ユーザにとってもメリットとなることは多いでしょう。この点も考え合わせると、裁判所の判断はユーザにとってもある意味合理的なものであるという考えもあります。

　いずれにせよ、パッケージソフトウェアを単にコスト軽減のためのものと考えて、出来上がる機能に対しては、"今まで通り"というような都合のよい考えは通用しないと思ったほうがよさそうです。

第3章

このシステムは完成したのか？
自分で見分けられないユーザ

第 I 部　役割分担

　昨今は、ユーザ企業も自社の IT を自分達で企画し、その導入においてもプロジェクトを自身で主導しなければならないことが多くなってきました。企業活動における IT の重要性は以前から言われてきたことですが、たとえばメルカリや Uber など、それまでにないサービスを IT で実現しようとするとき、どんなシステムを作ればよいのかを考えられるのはユーザ側です。また、昨今はクラウドサービスを使うケースも増えています。クラウド業者は定型的なサービスは提供しますが、ユーザ企業の要望に会わせてカスタマイズや設定変更を行うという作業には、それほど熱心ではありません。そのあたりを旧来の SI ベンダにやってもらうにしても、SI ベンダ側も自分達のクラウドではない以上、責任を持てない部分も多いのが現状で、プロジェクト全体を本当の意味で主導しきれないケースが増えています。

　こうしたときには、ユーザ企業自身が自ら先頭に立ってシステム開発プロジェクトを推し進めなければなりませんし、前述した会社などは、まさにそうやって成功を収めています。

　一方で、一般的な日本企業に目を向けると、「本当にこれで大丈夫かな?」と首をかしげたくなるような会社、つまり、自社が主導して IT を導入するだけの知識やスキルが乏しい会社がいくつもあります。

　本章では、そんなユーザ企業の知識・スキルのなさが招いた事件についてご紹介しようと思います。ちょっと読むと「なんだか情けない会社だな」と思うかもしれませんが、果たして皆さんの会社が本当に、こうならないと言い切れるでしょうか?　そんな目で読んでみてください。

ユーザ企業の知識不足が混乱させたプロジェクトの例

> **(大阪高等裁判所 平成 27 年 1 月 28 日判決より)**
>
> 　あるユーザ企業がベンダに経営情報システム（本件システム）の開発を委託し代金の一部約 6800 万円を支払ったが、結果的にシステムは完成しなかったと述べて契約を解除し、債務不履行による損害賠償

24

請求（または原状回復請求）として代金相当額の返還を求めて、裁判となった。

これに対してベンダは契約解除は無効であり、また保守業務あるいは契約外も業務を実施したとして約7000万円の支払いを逆に求めた。

このプロジェクトでは、訴外のコンサルタント会社が基本設計を行い、ベンダ企業は、それを受けて詳細設計を行うこととなっていたが、その途中、ユーザ企業の判断でコンサルタント会社はプロジェクトを脱退してしまった。コンサルタント会社の作成した基本設計書は脱退時点で不十分なものであり、ベンダ企業は自身で基本設計をやりなおすという提案を行ったが、ユーザ企業は拒絶した。

その結果、プロジェクトは既存の基本設計書をそのままに、その作成責任者をベンダに切り替え、ベンダの作る詳細設計書に基本設計書を組み込むという異例な体制をとることとなったが、出来上がったシステムには不具合が残存しており、ユーザ企業はシステムの未完成を主張して、損害賠償請求に至った。

それでもベンダの責任は問われるのか

ITの場合、完成したシステムであっても、多少の不具合が残存することは致し方なく、それが容易に修正可能なもので改修の目途が立っているのなら、ユーザ企業は費用を支払わなければなりません。もちろん契約解除の理由にもならないわけです。この裁判でも、そうした考えを踏まえて、次のような判決が出ました。

（大阪高等裁判所 平成27年1月28日判決より〈続き〉）

本件仕事が完成しているとはいえないと評価するためには、「本件仕様書の記載に明らかに反し、軽微で容易に改修できるものではないような、システム全体の見直しを行わなければならないほどの欠陥で

25

第Ⅰ部　役割分担

> あると認められるようなプログラムミス」が存在しなければならない
> と解される。

　裁判所は、こう前置きした後で、

- 受入テストのエラーはユーザ企業のテスト手順やデータに問題があった
- ユーザ企業が掲げる瑕疵一覧表記載の指摘事項は、いずれも軽微で改修可能だった

と述べ、ユーザ企業の請求は全て棄却されました。本書を読まれている方であれば、こうした結果は容易に予測できたかもしれません。

判決から見える日本のユーザ企業の弱み

　この判決自体は正直、さして物珍しいものではありません。ではなぜ、私がこの判決をご紹介しようと思ったのかというと、そこには日本の多くのユーザ企業が持つ弱みが隠れていると考えたからです。

　そもそも、このユーザ企業にはシステム開発を導入する上で必要ないくつかの知識がありません。基本設計を途中で中断させ、詳細設計に無理やり組み込ませようとするのは、システム開発のあるべきプロセスを無視しています。

　またシステムに残存した不具合について、ベンダにその影響を説明させ妥当な改修計画を出させる間も与えず契約を解除してしまっています。これでは、どんなベンダを連れてきてもシステムは完成しません。さらに自分達で実施する受入テストの方法も理解していませんでした。

　システムを導入するというのは、八百屋で野菜を買うのとは違います。どうしても買い手のほうにも一定のスキルが必要なのに、このユーザ企業はそのあたりの理解が全く不足していたと言わざるを得ません。

　この裁判での問題を少し拡大して考えるとユーザ企業には、

- 自分達で使いたいシステムの姿を明示すべき要件定義、基本設計の実施方法

26

第3章　このシステムは完成したのか？　自分で見分けられないユーザ

- （ウォータフォールであれアジャイルであれ）システム開発を行うときの基本的な段取りと自分達の責任
- システム完成時にはバグが残存するものだという理解
- 受入テストの方法・技法
- 残存したバグへの対応方法（ベンダに改修計画を提出させ、それが妥当なものかを判断すること）

といういくつもの必須知識があります。このユーザ企業には、こうしたものが欠落していたわけですが、読者の皆さんの会社はどうでしょうか？

システム作りは自分で主導する時代

　冒頭に述べたように、昨今、IT導入の主役・主導者はユーザ企業になりつつあります。SIベンダに要望だけ言っておけばよいというものではない、というのは昔からそうですが、それでも、かつてはSIベンダが、プロジェクトの最初から最後まで、子供の面倒を見るようにユーザ企業の足りない部分を補ってくれました。システム企画から要件定義、受け入れテストや検収に至るまで、SIベンダは様々なユーザの担当分を支援し、肩代わりしてくれていました。

　しかし、そうした時代は徐々に終わろうとしています。自らの要望を自分でまとめて、それを実現してくれるクラウドサービスや支援してくれるSIベンダを自分で選択・制御しながらシステム作りを主導する役割をユーザ自身が負うことが多くなってきたのです。

　それなのに、システム作りの段取りも理解せず、システムが完成したかの判断基準も不正確で受入テストの方法もわからないという姿勢では時代に取り残されてしまいます。今、日本のユーザ企業を見ていると、まだまだ、ベンダにおんぶに抱っこで丸投げをしてしまう会社や組織が多く残っているように思います。これでは、AWSやセールスフォースのような米国のクラウドサービスを使ってシステムを作ろうとしても、うまくいく確率は低いものになってしまうでしょう。

27

第 I 部　役割分担

　「クラウド業者は冷たい」「既存の SI ベンダはあてにならない」。そう
嘆くユーザをいくつも私は知っていますが、本来、それは自分達で行うべ
きことをわかっていないということではないでしょうか。

　日本のユーザ企業は、本気になって自社の IT スキルを育てなければな
らない。私はこの判決を見ながら、そんなことを考えました。

第4章

中途半端なアジャイルが招く危険

第Ⅰ部 役割分担

　ソフトウェア開発を行う際、要件の確定→設計の確定→開発→テストという
プロセスを踏まず、おおまかな要望を元に、まずは開発してみて、ユーザと共
にその機能や性能などについて議論をしながら修正や追加を行って徐々に作り
上げていくというアジャイル開発は、中小規模の開発プロジェクトを中心に
すっかり市民権を得た形となっています。昨今、ソフトウェア開発の成功率が
上がってきた要因の一つに、このアジャイル方式の定着を挙げる人もいます。

　ユーザがソフトウェアの出来栄えを最後のユーザテスト工程まで確認でき
ず、プロジェクト終了直前になってから「こんなはずではなかった」と
いったクレームが発せられることの多い従来型のウォータフォール開発に
比べれば、確かにアジャイルはスピーディに役立つソフトウェアを作る有
効な手段と言えます。
　ただし、どんな方式にも弱点はあります。また、いくらよい方式でも中
途半端な知識のまま行うとかえって物事が悪い方向に転がってしまうこと
もよくある話です。本章では、アジャイル方式で開発は行ったものの、そ
の方式への理解がやや中途半端だったことによる紛争をご紹介したいと思
います。まずは、事件の概要からです。

アジャイル開発の同床異夢

（東京地方裁判所 平成 26 年 9 月 10 日判決より）

　商品先物取引受託業務を行うユーザ企業が、業務システムの開発を
IT ベンダに依頼し、ベンダはこれを行ったが、ユーザ企業は請負代
金などをベンダに支払わなかった。理由は、ベンダが期限までにシス
テムを完成させなかったとのことで、必要な機能のいくつかが未実装
あるいは未完成であるとのことだったが、ベンダは、システムは完成
させたはずであるとして、未払の代金と開発中に使用したデータセン
ターの利用料の支払いを求めて裁判所に訴え出た。
　一方ユーザ企業は、システムは完成しておらず、既払い代金の相当
額を損賠として、その賠償を求めて、反訴を提起した。なお、この開

30

> 発はアジャイル方式で行われ、要件定義書、設計書等のドキュメント
> は残されていなかった。

　そもそも、こうした紛争が起きること自体を問題視しなければなりません。ベンダはシステムが完成したと言い、ユーザは完成していないと言うのですが、なぜ、そんな食い違いが起きるのでしょうか。答えは簡単で、システムにどのような機能を持たせるのかを両者が共有していなかったからです。ウォータフォール方式なら文書化していた要件や基本設計について、正式な合意もないまま進めたため、何を作ればよいのかという認識がズレていた、まさに同床異夢の状態だったわけです。何を作るのかが判然としない以上、「頼んだものができているのか」がわからないのはある意味当然のことです。加えて言うなら、この紛争に至った開発では、納品にあたって実施したテストの記録もないので、なおさらベンダ側が債務を全うしたかがわからない状態になっています。

　システム開発における「同床異夢」は、最後の最後まで実際のソフトウェアを目にすることができないウォータフォール型のほうが発生しがちですが、アジャイル方式の開発でも、やはりこうしたことが発生するようです。

増えてきたアジャイル開発

　このように、昨今のIT開発においては、ドキュメントを残さず、まず、ほしいソフトウェアの概略を聞いたベンダが作り、それをユーザが実際の画面で確認しながら「もっとこんな機能がほしい」「こんな機能はいらない」などと意見を述べ、それに応じてベンダがソフトウェアを完成に近づけていくという"アジャイル方式"を採用することが増えてきました。比較的小規模なシステム開発や画面などを作り替える開発に多く見られる方式で、ユーザ側の担当者が「要件定義書はいつできるの？」とたずねると、たとえばベンチャー企業の担当者が自信満々に「アジャイルですから、そんなもの作りません。」と答えて、ユーザ側が驚かされるということも、よくあるようです。

第Ⅰ部　役割分担

このアジャイルという方式は、ユーザが実際に動くソフトウェアを見て、リアルタイムに要望を伝えられる上に、ドキュメンテーションの作成を最小限にとどめることにより生産効率も向上すると言われています。私もいくつかのアジャイル開発を見てきましたが、動くものを見ながらの意見交換や、場合によっては会議の席上でソフトウェアを直して合意しながら進めるさまは、確かに軽快で、爽快と言っても過言ではないくらいの方式です。

しかし一方で、本章で例示したような紛争を見ると、ドキュメントなどを残さずに、どんどん（多くはベンダ主導で）開発を進めてしまう方法には、やはり不安が残ります。このケースではベンダがアジャイルだからとドキュメントを残さなかった結果、ユーザは、ソフトウェアの機能の十分性や正確性、影響度合いを本当に理解せずに進めることになってしまいました。知らない間にユーザが置いてけぼりになり、いくつもの議論がなおざりにされたまま、プロジェクトが終了してしまうということが起きたのです。

「そんなのは本当のアジャイルではない」——普段、きちんとしたアジャイル開発を行っている方は、そんな風に言うかもしれませんね。私もそう思います。そのことについては、まず、裁判所の判断を見てから、またお話ししたいと思います。

アジャイル開発でも記録は必要

（東京地方裁判所 平成26年9月10日判決より）

システムの開発が完了したといえるためには、これが顧客が使用する端末機器などにおいて支障なく動作し、商品先物取引受託業務を行うに当たり十分な性能を有するものである必要があると解されるところ、ベンダは、画面のイメージを提出するにとどまり（中略）要件定義書、基本設計書、テスト結果報告書などを提出しておらず、システムがどのような性能を有しているものか判然としない。

要件定義書や基本設計書が作成されていない理由について、ベンダは、ウオータフォール方式ではなくアジャイルという開発手法をとっ

第4章　中途半端なアジャイルが招く危険

> たためである旨供述するが、仮にそうだとしても、システムが完成し
> たのであれば、少なくともそのテスト結果を記録した書面やユーザ側
> の確認をとった旨記載された書面などは作成されるはずであり、（中
> 略）そのような書面が作成されていない合理的な理由について説明し
> ていない。

　このように裁判所は、アジャイルであってもテスト結果や、ソフトウェ
アの機能・性能についてユーザ側の確認をとった書面などは作成しなけれ
ば、ソフトウェアが完成したかを判断できない、つまり完成したとは言え
ないという判断をしました。

　じゃあ、アジャイルでも要件定義書や設計書を作って合意しろってこ
と？　それでは、アジャイルの利点は失われるどころか、そもそもアジャ
イルと呼べないんじゃない？　そういう声が聞こえてきそうです。それに
は私も同意です。ただ、少し注意していただきたいのは、裁判所は要件定
義書や設計書を残せとは言っていません。何らかの形でユーザと合意した
記録を作成しろと言っているのです。要件については、アジャイル開発で
必須と言われる「バックログ管理」（この後、やるべきことや実装すべき機
能の一覧）を表にしてユーザと合意すること、設計情報については、体裁
は大雑把でも、必要な事項を記したメモや、会議で使ったホワイトボード
の写しについて両者が合意するなどして記録を残すことで用は足りるはず
です。最近のコラボレーションツールなら、それらを簡単に作ってくれる
ものもあるでしょう。そうした記録を残して合意することをしていればよ
いとしているのがこの判決です。テスト結果についても同じく、綺麗に作
る必要はなく、テストの過程で出てくるログと、前出のバックログがあれ
ばよいと思われます。多くのアジャイル開発では、このあたりをベンダが
うまくユーザをリードしてプロジェクトを成功させています。

しかし、問題は記録のあるなしではない

　ただし、ここで私が申し上げたいのは、こうしたバックログ管理や記録
を残せということではありません。そんなものは、わざわざここに書かな

33

第Ⅰ部　役割分担

くても多くの開発で行われていることでしょうし、この紛争に至ってしまった開発においても、ある程度は実施されていたはずです。

　注意が必要なのは、アジャイルによって開発する機能の「網羅性」です。アジャイルは、詳細な開発計画を立てずに作業着手してしまい、気になるところから直していってしまうため、ときに十分な検討を忘れられてしまう機能があるのも事実です。第1章のコラムで紹介したような例です。

　ユーザは当然残してくれると思っていた機能を、ベンダは、もう必要ないだろうと勝手に判断した例です。人間ですから、言い忘れや勝手な思い込みはあります。問題は、当初スケジュールを残しておくかどうかということの検討自体が忘れられてしまったことです。

　もちろん、ウォータフォール方式でも検討漏れはあるでしょう。しかし、開発にあたってきちんとしたドキュメントを残さないアジャイルのほうが、こうした危険性は高くなるはずです。

ユーザが主導する業務のウォークスルーで網羅性を担保する

　こうした際に必要なことは、おそらく"業務のウォークスルー"でしょう。新しいシステムの対象となる業務について、そこを新しく作り直すか直さないかに関わらず、とにかく業務の最初から最後までを机上でシミュレーションして、必要機能や性能、既存機能の要否も含めてじっくりと漏れなく見ていく必要があります。もちろん、検討メンバーには、できれば複数の業務担当者（エンドユーザ）が必要で、しかも業務を知るユーザ側がベンダをリードする形でないと、抜け漏れや勘違いの危険は増すばかりです。

　こうしたことを行わずに、ベンダがリードする中、ユーザのシステム担当者だけで開発を行う、あるいはエンドユーザがいたとしても、モチベーションの低い中で開発を行えば、こうした抜け漏れの危険は拭い去ることができません。この紛争例は、その典型とも言えるのではないでしょうか。

34

アジャイル開発は、これからも、どんどん数が増えていくことでしょう。正式なドキュメントがない状態で進めるわけですから、頼りは人間の頭です。網羅性を担保して、よりよいシステムを作るには、ユーザ側が主導する中、異常系も含めてウォークスルーなどを綿密に行う必要があります。もちろん、どんなに頑張っても考慮漏れは出てきますし、そうしたものはバックログとして後続の工程で実施するという考えも、ある意味正しいのですが、それにも量的、質的な限界はあります。

第5章

旭川医大事件
——プロジェクト管理義務の限界

第Ⅰ部　役割分担

　ITを導入するプロジェクトを実施する際、ベンダには、プロジェクトを円滑に運営するため、ユーザ側に様々なことを働きかける義務があります。たとえば、ユーザがいつまで経っても要件の追加・変更などの要望をやめてくれないとき、「いい加減、要件を凍結してくれないと納期は守れません、お金だってかかります。」と申し入れ、要求を拒絶したり、代替案を出したり、あるいは追加費用の見積もりやリスケジュールなどをユーザに申し入れる義務（権利ではありません）があるとするもので、これを怠ってプロジェクトが失敗すると、プロジェクト管理義務違反という不法行為に該当してしまうというものです。

ユーザの要件追加変更を制御するのはベンダの役割？

　この考え方は平成16年3月10日に東京地方裁判所が示して以来、IT紛争に関する一つの定番となり、たとえば有名なスルガ銀行と日本アイビーエムの裁判でも取り入れられました。

参考：プロジェクト管理義務の例

- ユーザから追加の要望があれば、それがプロジェクトに与える影響を考慮し、必要であれば納期やコストの変更を申し出る
- 必要に応じて代替案を提示し、元の案とメリットデメリットを比較検討する
- プロジェクトにおけるユーザの役割を説明し、十分に関与する
- プロジェクトの進捗、リスク、課題などを管理し、問題があればユーザも巻き込んで解決を主導するなど

　しかし実際にシステム導入プロジェクトに入ってみると、このベンダのプロジェクト管理義務を果たすのは相当に困難だということがわかります。ベンダにとってユーザは"お客様"です。プロジェクトの進行を妨げかねない要望も、むげに断ることはできませんし、まして追加見積もりを出

すことなど顧客満足度を考えると、そうそう簡単にはできません。結局は我慢して飲んで、最悪、スケジュールが守れないときにはユーザに"許してもらう"、お金が足りなければ赤字を背負って、話の通じるユーザなら追加開発時に少しだけ上乗せしてもらう、といったことを落としどころにする例が多いようです。実際、前出の判決の話をすると、多くのベンダからは「これは現実的ではない。」といった悲鳴がよく聞かれるのも事実です。

　一方のユーザ側からこのプロジェクト管理義務を見るとどうでしょうか。ベンダがこの義務を果たすためには、ユーザにも協力義務があり、そこそこ我慢も必要ではありますが、極端な話、ベンダ側がYesと言ってくれる限り要望を出し続けられるともとれます。つまり、この考え方は自分達のワガママを肯定してくれるものと捉えることもできるわけですから、少し安心したという方もいるかもしれませんね。

プロジェクト管理義務の限界

　ところが、平成29年8月31日に札幌高等裁判所において、この考え方に一石を投じる判決が出ました。簡単に言えば、ベンダのプロジェクト管理義務にも限界があるとするものです。判決文から事件の概要をご覧ください。

（札幌高等裁判所 平成 29 年 8 月 31 日判決より）

　旭川医科大学は、平成20年8月に、電子カルテを中核とする病院情報管理システムの刷新を企画し、NTT東日本に開発を依頼した。

　しかし、プロジェクトの開始直後から、現場の医師達による追加要件が相次ぎ、プロジェクトが混乱した。NTT東日本は、1000近くにのぼる追加項目のうち、625項目を受け入れた上で、仕様を凍結（もうこれ以上要件の追加・変更は行わないことで合意すること）し、納期も延長することになった。

　ところが、仕様凍結後も現場医師らの要望は止まず、さらに171項目の追加項目が寄せられ、NTT東日本は、このうちの136件の項目

第Ⅰ部　役割分担

を受け入れたが、開発はさらに遅延し、結局、旭川医大は期日通りに
システムを納品しなかったことを理由に、契約解除を通告した。
　これについてNTT東日本は、「プロジェクトの失敗は旭川医大が
要件の追加・変更を繰り返したことが原因だ」と損害賠償を求めた
が、旭川医大は「NTT東日本が納期を守らず、テスト段階での品質
も悪かった」と反論し裁判になった。

　ご覧のように「プロジェクト管理義務」の典型のような事件でもあり、
一旦、仕様凍結したとはいえ、結局ユーザの要望をコントロールできな
かったベンダの責任が問われるものでした。事実この裁判では、ユーザで
ある旭川医大がそうした主張をして、第一審ではベンダにプロジェクト管
理義務違反があったと損害の8割にあたる金額の支払いをNTT東日本に
命じる判決が出ました。
　しかし、この判決にNTT東日本側は納得しません。いくらこちらが説
明しても旭川医大は要件追加を止めなかったし、仕様凍結の約束さえも無
視された。プロジェクト管理義務など果たしようがなかったとして控訴し
たのです。その結果、札幌高裁は次のような判断をしました。

（札幌高等裁判所 平成29年8月31日判決より抜粋・要約）

　仕様凍結の合意は追加開発要望の拒否に当たり、NTT東は開発ベ
ンダとしてしかるべき対応をした。（プロジェクト管理義務を果たし
ている）
　（NTT東日本には、それ以上）さらなる追加開発要望をしないよう
旭川医大を説得したり、不当な追加開発要望を毅然と拒否したりする
義務があったということはできず、一審被告にプロジェクトマネジメ
ント義務の違反があったとは認められない。

　高裁はベンダがユーザと仕様凍結について合意したことで義務は果たし
たと言え、それ以降の要望を制御できなかったことは違反ではないと述べ
ました。プロジェクト管理義務といえども無限ではないのです。このあた

りは一審と二審とで大きく判断が食い違っていることを見ても、なかなか
に微妙な問題ではあるのですが、少なくとも要件をコントロールする義務
はユーザ側にもあると考えないと、プロジェクトは失敗する確率が高くな
ると思ったほうがよさそうです。

教科書通りの要件定義ができない場合も ある

　ではこの場合、ユーザ側は何ができたのでしょうか？　いつまでも要望
を止めない医師達に対して、システム担当者がストップをかければよかっ
たのでしょうか。正直に申し上げて、そうしたことは困難だったのではな
いでしょうか。私は以前、別の大学病院にコンサルとして入ったことがあ
りますが、まず、大学病院の医師というのはとてもタイトなスケジュール
の中で作業をしています。行列をなして待つ患者さん達を診察しながら、
各種の研究を行い論文も書かなければいけません。労働時間が長い上に当
直などで家に帰れないことも常態化しています。そんな中で一歩間違えれ
ば人の命を失いかねない作業を続けているわけですから、時間的にも精神
的にもシステムの要件をじっくりと考える余裕などありません。結果、要
望を出す期限を守ることはできず、さりとて自分達が使うシステムですか
ら沢山の注文はあり、結果として、いつまで経っても要望を出し続けるこ
とになってしまいます。一方で医師は病院の主役であり、医療に直接関係
するシステムについては、その意見は無視もできません。教科書通りにシ
ステム部門が権限を持ってエンドユーザの口を封じることなどできないと
いうのが実情ではないでしょうか。

ベンダに自分達の異常性を知ってもらう

　ではユーザ側のシステム担当者はどうすべきだったのでしょうか。まず
やるべきはプロジェクトの計画を策定する段階で、自分達の異常性をベン
ダに理解してもらうことではなかったでしょうか。システムの導入には要
件をどこかで止めなければならないのが原則だが、医大ではそんなことが

41

第Ⅰ部 役割分担

できない、ということをベンダに相談し、次善の策を検討することが有効だったかもしれません。こうした異常性というのは、たとえばプロジェクトのスケジュールを考える際、要件凍結というマイルストーンをどこに置くかを考えるときにわかります。また会議体計画を立てるとき、「この会議で要望を聞いて、この会議では要件を定めよう」などと考えていけば、「この時期の医師達にそんな暇はない」と気づくことができます。

　もちろん病院の異常性というのは要件凍結の時期だけではありません。医師達の意見がとても強く、システム部門はそれをコントロールできないという体制上のこともありますし、そもそも医療という専門性がとても高く、ベンダのエンジニアには理解できない用語が飛び交うプロジェクトであることもそうです。自分達の組織のこと、業務のこと、プロジェクト体制のこと、スケジュールのことをベンダによく説明し、ベンダ側が持っている通常のプロセスとは違う部分があることに気づいてもらうことが必須でしょう。旭川医大の場合、当たり前に要件凍結が行われることを前提としてスケジュールを組んでいたことから見て、ベンダ側は医大の異常性にはあまり気づいていなかった節があります。

　考えてみれば、病院でなくてもユーザというのは様々な異常性を抱えているものです。私は今、政府で働いていますが、ここではユーザ部門のシステム担当者である公務員が、多くの場合2年程度で異動してしまうという異常性を持っています。こうした点をベンダと話し合うことで、たとえば、引継用の時間や新しいユーザ側担当者への教育を見込んだスケジュールや工数を見積もります。また保険会社などの金融機関では、法令の変更や新規の金融商品の開発など、システムの要件を追加すべき事象が不定期かつ高頻度で発生します。これも一つの異常性です。こうした異常性の有無を知り、対策をベンダと共に考えることが、本章で例示したような悲劇を防ぐことに繋がると考えられます。

　私は、この事件のプロジェクトに参加していたわけではないので詳細はわかりませんが、こうした状況にあれば、無理に仕様の凍結をせず、スケジュールを長く伸ばした上でアジャイル的な開発を行い、緊急性のある機能から順次リリースをしていくなどの対策が考えられたかもしれません。この、ユーザの異常性を考慮して開発プロセスを見直すということが、このプロジェクトでは不足していたようです。

42

第6章

プロジェクト管理義務違反とは
言うけれど……

第Ｉ部　役割分担

　昨今は、自社の業務システムを一から開発せず、パッケージソフトウェアをカスタマイズして使う方式が随分と多くなりました。中でも、経理、財務、人事など、業種によらずプロセスが似通っている業務を支援するソフトウェアをパッケージングした ERP パッケージは、これらの業務をシステム化する際の主流と言ってもよいでしょう。

パッケージソフトウェア導入時にありがちなユーザ内部の争い

　ERP パッケージソフトウェアを利用して開発を行うとき、いつも問題になるのが既存の業務プロセスとの関係です。ERP に限らずパッケージソフトウェアというものは、同じような業務が世間一般でどのようなプロセスで行われているか、どういったプロセスが効率的で経営にメリットをもたらすものなのかをソフトウェアの開発者が勉強した結果を元に作られています。このことから、今まで我流のプロセスで業務を行っていた会社が、他社の好例を元に自社のやり方を改革するよい材料となることもあります。一般に経営層はこうした業務改革に熱心です。なので、ERP パッケージをあまりカスタマイズせず、むしろ自分達の仕事を変えるべきと考える人も多いようです。

　ところが、現場サイドになると話が違ってきます。今までのやり方で会社は回ってきたのに、なぜ変えるのか？　新しいシステムで、今までと異なる手順の仕事をするのはかえって生産性を落とすし、そもそもウチのよいところを消してしまうのではないか？　そんな不満や不安が、パッケージソフト導入の際によく聞かれます。

　私の知るある会社では、機械製造の生産管理システムを導入する際、製造要員の空き具合を見て自動的に仕事を割り振る機能を持つパッケージソフトを導入しましたが、現場からの「勝手に人を動かされては困る」という意見に押され、この機能を使えないように改造していました。本来、会社は従来の属人的な人員配置を排除し、最も効率的な体制を組めるようにとこのソフトウェアの導入を決めたはずなのですが、現状の人による人員配置に特に問題を感じていなかった現場の声に押し切られたわけです。ど

44

第6章　プロジェクト管理義務違反とは言うけれど……

ちらが正しかったのかはさておき、パッケージソフトウェアを導入しよう
とするときには、このようなせめぎ合いがよく起こるようです。

パッケージソフトウェアのカスタマイズ
を巡る裁判の例

　本章でご紹介するのは、そんなパッケージソフトウェア導入の際の問題
が大きくなってしまった結果、プロジェクトが頓挫してしまった例です。
ユーザ内部の調整不足がベンダの作業に影響を与え、挙句、プロジェクト
が失敗してしまったのですが、ユーザ側はプロジェクトが失敗したのは、
ベンダが素人である自分達をリードせず、プロジェクトが苦境に陥っても
不作為だったからだと訴えています。事件の概要から見てみましょう。

（東京地方裁判所 平成 28 年 4 月 28 日判決より）

　大手総合化学メーカが、基幹系システムの更新を企図して、ある海
外 ERP パッケージの導入を決定し、IT ベンダに、そのカスタマイズ
と導入を依頼した。導入にかかる総予算は約 25 億円と見積もら
れた。

　ところが、プロジェクトの実施中、このソフトウェアの持つ業務プ
ロセスが、実際の作業に合わないと現場からの反発を受け、ベンダ
は、大幅な作業のやり直しをすることとなった。結果、スケジュール
が遅れ、作ったソフトウェアの品質にも数多くの問題があったため、
プロジェクトは頓挫してしまった。

　化学メーカは、プロジェクトの失敗は、IT 開発の専門家である IT
ベンダが適切なプロジェクト管理を行わなかったためであるなどと述
べて、これに損害賠償を請求する訴訟を提起した。

　前章でも述べたように、IT ベンダには専門家として素人であるユーザを
リードするプロジェクト管理義務があります。開発の途中で、ユーザが
「やっぱり、この機能も付けてほしい」「ここを変えてほしい」と後出し

45

第Ⅰ部　役割分担

ジャンケンのように要件を変えてきたとき、それがプロジェクトの円滑な進捗を著しく乱すようなものなら、これを断るなり、追加費用やスケジュール延長を申し出るなりして、プロジェクトの立て直しを図ることがITベンダの義務とされています（プロジェクト管理義務には、他にも色々な要素がありますが、今回のポイントはここです）。「ユーザはIT開発の素人なので自分達のワガママがどこまでIT開発に悪影響を与えるのかわかっていない。そこはプロであるベンダ側が、ユーザに教えてしっかりリードしなければならない」ということです。

ITベンダのプロジェクト管理義務違反を問えるか

　この事件の場合、ユーザの経営層はパッケージソフトウェアを導入して従来の経理、財務、人事などの業務プロセスを大胆に変えてしまおうと思っていたのですが、現場サイドは今までのやり方でいいじゃないかとこれを拒み、パッケージソフトウェアを自分達の業務に合わせてカスタマイズしてほしいという要求を数多く出したようです。確かに、自分達はワガママだったかもしれないが、それはIT開発のことを何も知らない素人が無邪気に言っていたことであり、ベンダが、それはできない、やるならお金も費用もかかると我々をたしなめてくれなかったのがプロジェクト頓挫の原因だ、というのがユーザ側の言い分です。

　こう書くと、随分と身勝手なユーザに見えるかもしれませんが、たとえば洋服をオーダーメイドで作るとき、半袖にすると依頼して生地の裁断まで終わったのに、お客さんが七分袖にしたいと言い出したとしたらどうでしょうか。洋服屋さんは当然、その依頼を断るか、追加費用と納品日の延長を要求しますよね？　そうしたことをせずに、要求を受け入れるような顔をして作業を継続した結果、スケジュールが大幅に遅延するのはプロの仕事ではない、というのがユーザの言い分です。こうした考えに基づいて、ITベンダ側にこそ非があるとした判断は、前出の東京地方裁判所 平成16年3月10日判決をはじめとして、数多く出されています。

　この事件の場合はどうでしょうか。当初、経営層の目的を達成するために導入しようとした機能を現場の声で大幅に改造するのはユーザのワガマ

マですが、それを唯々諾々と受けてしまったベンダは、やはりプロジェクト管理義務違反となるのでしょうか。裁判所の判断の部分を見てみましょう。

（東京地方裁判所 平成28年4月28日判決より〈続き〉）

　本来、システム開発は開発業者と注文者とが協働して打合せを重ね注文者の意向を踏まえながら進めるべきものであるけれども、前記前提事実のとおり、本件プロジェクトはそもそもソフトウェアの導入に伴う化学メーカの業務改革プロジェクトであった。すなわち、フルオーダーメイドでソフトウェアを製作するのであれば、自社の業務フローを変えずにソフトウェアを業務フローに合わせることも可能であるところ、（中略）敢えて現行業務の標準化を推し進める契機とするために、（中略）既存業務フローを変える選択をしたのである。（中略）しかし、化学メーカは、現場ユーザからの業務改革に対する強い反発を受けこれを抑えることができなくなったために、仕様変更による対応へと方針転換を行い、多数の仕様変更とそれに伴うプロジェクトの遅延が起こり、結局、（中略）本件プロジェクトを中止するという決断に至った。このような経緯は、基本的には化学メーカ内部の要因であるといわざるを得ない。

　ご覧の通り、裁判所は化学メーカが主張する"ITベンダのプロジェクト管理義務違反"という主張を退け、失敗の原因は化学メーカ内部にあると判断しました。この裁判には他にも色々と争点があり、全体としての勝ち負けはハッキリとしていませんが、少なくともこの点については全面的にITベンダ側の主張が勝ったことになります。

第 I 部　役割分担

IT導入の目的を変えるような変更要求は
プロジェクト以前の問題

　他と同じように、ユーザのワガママをコントロールできずに作業を進め
たベンダの責任が、なぜ、この判決では認められなかったのでしょうか。

　ここは、少し観念的というか形而上学的な見方になってしまいますが、
他と違ってこの事件での化学メーカの振る舞いは、プロジェクトの存在自
体を否定するものだったということです。プロジェクトというのは、ある
目的を達成するために行われる活動です。この場合、化学メーカは基幹業
務のプロセスを抜本的に改革することを目的としていました。ところがプ
ロジェクトが進むうち、現場の声に押される形で、改革を諦めてしまっ
た、つまり、目的を失ってしまったのです。目的がないということは、プ
ロジェクト自体の消滅を意味します。消滅したプロジェクトには、ベンダ
の管理義務も発生しません。化学メーカは自身の声でプロジェクトを潰し
てしまったのであり、そこにベンダの責任はない。これが裁判所の考え方
だったということになります。

　IT プロジェクトに機能をはじめとする要件の追加、変更はつきもので
す。これを全て否定していたら、役に立つ IT システムなど、おそらく出
来上がらないでしょう。しかし、そうした追加、変更が、もしプロジェク
ト自体の存在意義を揺るがすようなものであるなら、ユーザ自身がそれを
やめるか、あるいは、本当にプロジェクト自体を仕切り直すしかないとい
うことになります。

第7章

旧システムのデータ不整合に
対処する責任はどちらに？

第Ⅰ部　役割分担

　ビックデータ、オープンデータ、データサイエンティストなど、ITの世界では昨今、データに関する話題がホットです。どれだけ精度の高いデータを数多く集められるかが企業の業績を左右し、データを分析する力が個人のキャリアアップのために有用な時代となりました。

　このような新しい話ではなくても、ITにとってデータは重要です。どんなによいプログラムを作っても、扱うデータが不正では、コンピュータはまともな答えを出しませんし、下手をするとデータの不整合がシステムを停止させたり、壊したりすることもあります。特に最近は、オンプレミスで動いていたシステムをクラウドに移すことも増えており、こうした作業に関するトラブルの話もよく耳にするようになりました。

不整合データの移行が失敗した訴訟の例

　データ移行を請け負ったベンダが作業ミスをして、データを壊したり滅失させたりすれば、その責任をベンダが負うのは当然の話です。しかし、たとえば、もともとユーザの持っていたデータに不正があり、そのためにシステムの移行作業が遅れたというような場合はどうでしょうか。

　それは不整合のあるデータをそのまま渡したユーザの責任でしょうという考えは自然な気もします。しかし、一方でITの素人であるユーザが持っているデータの不整合まで責任を持てるのか、ベンダは専門家なのだから、システムのデータ不整合があるのなら、それを見越した作業計画を立てておくべきだったという論もあります。本章ではそんな訴訟について取り上げたいと思います。

（東京地方裁判所 平成28年11月30日判決より）

　建築現場の足場などの資材リース業を営むユーザは、リース契約の管理システムを運用していたが、このシステムには不備があり、リース物件が滅失した場合の処理において、データ不整合が生じるという問題が発生していた。ユーザは、これを解消するための新システムの

開発を希望し、あるベンダに新システムの開発と旧システムからのデータ移行を委託した。

ところが、新システムは、旧システムからの移行データに不整合が多数存在したために正常に稼働せず本稼働時期を守ることができなかった。

ユーザ側は、このことはベンダの債務履行遅滞にあたるとして、契約を解除し損害賠償等を求めてユーザを提訴した。

データの不整合を理由にシステムの刷新を行うわけですから、ユーザもベンダも旧システムからのデータに問題があることはわかっていました。ただし、契約の内容は、今後、そのような不整合を起こさないようなシステムを作ることと、旧システムからのデータ移行であって、古いデータを修正することまでは明示されていなかったようです。契約として肝心なところが抜け落ちていたようですね。ユーザからすれば、契約の目的は、新システムが正常に稼働して業務が改善することにあるのだから、古いデータへの対処も当然にベンダがやってくれることと考えていたようですし、ベンダからすると、請け負った内容にそこまでは含まれていなかったと考えていた節があります。

正しいデータの提供まではユーザの協力義務？

ベンダの論を言い換えると、古いデータに不整合があったことはユーザ自身も十分に承知していたことであり、それを修正するか、何らかの対応を行って新システムが正しく動作するようにするのは、「ユーザの協力義務」だということです。確かに契約上、データ修正作業は示されていませんので、ベンダは契約通りの作業をしたという考えもあるかもしれません。

しかし一方で、このユーザはITに関しては素人であり、データに不整合があることはわかっていても、それをどのように対処すればよいかについてのアイディアはありません。契約の目的が新システムの稼働による業

第I部 役割分担

務改善である以上、具体的にデータ修正作業が明示されていなくても、ベンダにはこれを修正するか、少なくともユーザがデータ修正のために何を調べて何をすべきかということを教えてくれるのが専門家としての責任だという話も、それなりに筋は通ります。

さて、裁判所はどのような判断をしたのでしょうか。

（東京地方裁判所 平成28年11月30日判決より）

一般に、ユーザが業務上使用するコンピューター・ソフトウェアのシステムの開発をベンダに発注・委託する場合において、ベンダがコンピューターシステムの専門家としてユーザの要求に応えるシステムを構築する責任を負うことは当然であるが、ユーザが業務等に関する情報提供を適切に行わなければ、そのようなシステムの構築を望めないことから、ユーザは、ベンダによるシステム開発について、ベンダからの問い合わせに対し正確に情報を提供するなどの協力をすべき義務を負うものと解するのが相当である。本件においても、Xがそのような協力義務を負うことについては、否定されるものではない。

裁判所は、まずシステムの開発にあたり、ユーザには情報提供などの協力義務があり、この件もそれにあたると述べています。ただし次のように、それにはある一定の条件があることも述べています。

（東京地方裁判所 平成28年11月30日判決より）

しかしながら（中略）ベンダは、（中略）ヒアリングを実施するなどの過程において、ユーザがコンピューターシステムについて専門的知見を十分有していないことを認識していたものと認められるのであり、このような事実関係の下では、ベンダは、ユーザから求められる態様で協力をするということを超えて、自ら積極的にベンダが必要とする情報をあらかじめ網羅的に提供するという態様で協力をすべき義務まで負うものではないというべきである。

第7章　旧システムのデータ不整合に対処する責任はどちらに？

　ここも、少し説明をしましょう。簡単に言うと、素人であるユーザには
ベンダに求められる以上の情報提供義務はない。つまり「データ不整合が
あるが、どうしたらよいのか」などという質問をユーザから受けなくて
も、システムの正常稼働のためには不整合データに対処しなければなら
ず、そのためには、どんな作業が必要かということを教示する義務がベン
ダにはあったと言っています。ベンダの専門家責任を重く見た判断です。

（東京地方裁判所 平成 28 年 11 月 30 日判決より）

　ベンダとしては提供されたデータを調査・分析することにより、本
件旧システムにおけるデータ不整合の件数やその理由について把握し
得ることがうかがわれるところである。そして、仮に、データの提供
だけではデータ不整合の件数や理由が十分に明らかにならないという
のであれば、コンピューターシステム開発について専門的な知見を有
するベンダにおいて更にユーザに問合せをするなどして、技術的に必
要な情報を得るようにすることが考えられてしかるべきであるとこ
ろ、ユーザが本件請負契約の締結時及びその後の本件新システムのテ
ストの段階において、ベンダに対し、本件旧システムのバックアップ
データ以外に、更に技術的な情報の提供を求めたことをうかがわせる
証拠はない。更に、具体的にどのような情報が提供されればデータ不
整合の件数やその理由について把握し得るものであったのかについて
は、自らこれを特定して主張し得るに至っていない。

　少しわかりにくい文章なのですが、裁判所は「データの不整合への対処
は、やはりベンダが行うべきであって、そのために必要な情報について
は、ベンダから積極的に働きかけて入手しなければならないのに、ベンダ
はそうしたことを行わなかった。これは専門家責任を果たしておらず、結
果として債務不履行にあたる」と言っています。
　つまり、ベンダはデータ不整合があり、それが新システムの稼働に影響
を与えるとわかっているなら、たとえ契約書に明示されていなくても、自
らこれに積極的に対処（データ修正や他の対処の検討など）して、そのた

第 I 部　役割分担

めに必要な情報があるなら、自発的に情報提供をユーザに求める義務があると言っているのです。

専門家責任は場合によりけり

　本書の読者の方にはユーザサイドの方も多いと思います。そんな方々から見ると、この判決は少し安心できるものかもしれませんし、かくあるべしと考える方もいるでしょう。

　しかし、ここで少し注意をしていただきたいことがあります。これは、ベンダのプロジェクト管理義務や専門家責任を巡る裁判全体に言えることですが、こうした判断の大前提には「ユーザサイドに IT に関する知識が不足していること」があります。たとえば、

- 社内にしっかりした情報システム部門がある
- 同様のシステム開発を自社が主導した経験がある
- 古いシステムを担当する別のベンダがプロジェクトに参加している

といった状況で、必ずしもユーザサイドが知識不足ではないと裁判所が見たときには、その判断も異なってくることが考えられます。ベンダの専門家責任もユーザの協力義務も、ユーザサイドの知識レベルによって変わってくるのです。

　IT 紛争におけるユーザとベンダの責任について、裁判所の判決を見ていると、"餅は餅屋" という考えが透けて見えます。契約書などで明示されていない作業や責任の分担については、法律などでしっかりと決まっているものばかりではなく、「できる人ができることをやる」という考えがあります。本章で示した事件のような場合、ユーザにはデータ不整合に対応する知識がなく、結局、ベンダが主導して対応する以外に、契約の目的を果たす道はありません。そうしたことが明らかであれば、当然にベンダは積極的に対処せざるを得ません。一方、同じ作業と契約でも、ユーザに一定のスキルがあると見られれば、結果は逆になるかもしれません。少なくとも契約書に書かれた役割分担だけが全てではないのです。

54

第7章　旧システムのデータ不整合に対処する責任はどちらに？

　ユーザであれ、ベンダであれ、単に明示された作業をするだけでは、IT
関係のプロジェクトは成功しません。契約の目的に照らして本当に必要な
作業が隠れていないか、それは現状のスキルレベルから言って、ユーザと
ベンダのどちらが進めるべきか。お互いに慎重に検討して話し合う必要が
あるようです。

第8章

データ移行における
ユーザ側の協力義務
──旧データの理解不足が招く危険

第Ⅰ部 役割分担

さて、前章で扱った平成28年11月30日の判決ですが、前章で示した部分だけ見ると、既存システムのデータ不整合など新システム導入にあたって考慮しなければならない点については、専門家であるベンダがユーザに問い合わせるなどして、調査し、対策を検討すべきということで、ベンダに責任があるという判決に見えます。

しかし、実は、この判決には続きがあります。ベンダに専門家としての責任があるのと同様に、ユーザには協力義務があるのではないか、そんなことを裁判所が判断した部分です。

ここまで何度か取り上げてきたように、ITを導入するにあたっては単に専門家のベンダに任せきりにするのではなく、ユーザ側にも大きな役割があります。どんなシステムを作りたいのかという要件についてユーザ側の意見をしかるべき時期までに決めること、システム化対象になる業務のルールやプロセスについてベンダに教え込むこと、その他システム作りに必要な情報を適宜提供することや、開発に必要な環境を整えることは、契約が請負であるか準委任であるかに関わらず、ユーザの協力義務とされ、これを怠ってプロジェクトが失敗すると、それまでの開発費用が全て無駄になってしまう上に、不法行為に基づく損害賠償まで請求されることすらあるのです。

ことに最近よく聞く話の一つに、古いシステムのデータに関することがあります。古いシステムをリニューアルして新しいシステムを作ったり、クラウドサービスを利用して実現したりする場合、それまで旧システムに溜め込まれたデータを正しく新しいシステムに移行することが必要となります。しかし、旧システムを担当するベンダと新しいシステムを導入するベンダが異なる場合、データの構造がわからなかったり、データの品質が悪かったりという理由で、うまく移行できないことがあります。開発中にこれが発覚するとプロジェクトが大幅に遅延して、場合によっては頓挫してしまうこともありますし、古くは2002年に、みずほ銀行のシステム統合が失敗したのも旧三銀行のデータに差異があり、金融機関コードと店番号が入り混じってしまったことが大きな原因でした。たかだか数十文字のデータに関する理解不足や不整合が、大きな社会問題にまで発展してしまったのです。

そこまで大事にならなくても、ユーザ側、ベンダ側双方の旧データの理解不足による移植失敗がプロジェクトを破綻させ、裁判にまでなった例は

58

いくつかあります。この場合に問題になるのは、その責任です。古いシステムのデータのことですから、新規に参入したITベンダにしてみると、それはユーザが責任を持って情報提供してほしいと感じるでしょう。しかし、一方でユーザからしてみると、「自分達は素人でITのことはわからない。そのあたりは、専門家であるベンダがきちんと調べて対処してほしい」と考えたいところです。この判決では、そうしたことについて裁判所が判断しています。古いデータの移植の責任は、ベンダだけにあるのか？　同じ判例文ですが、少し考えてみましょう。

ユーザの協力義務が問われた裁判の例

（東京地方裁判所 平成28年11月30日判決より）

　建築現場の足場などの資材リース業を営むユーザ企業は、リース物件の管理を行うシステムの刷新を行うこととなった。現行システムではリース物件が滅失した場合のデータ管理を適切に処理できないという問題を解決するためだった。

　ユーザ企業は、この開発をあるソフトウェアベンダに依頼したが、開発したシステムは正しく動作しなかった。原因は旧システムから新システムに移行されたデータに多数の不整合があったためだった（このデータ不整合は旧システムにおいても存在していたもので、ベンダの作成したプログラムやベンダの作業によって発生したものではない）。

　これが原因で、システムの開発は当初の納期から大幅に遅れることとなり、ユーザはベンダの債務履行遅滞を理由に契約を解除し、支払済の費用に相当する約2000万円の返還を求めてベンダを提訴した。

　ご覧の通り、この開発では、ユーザ企業の旧システムにあったデータの品質が悪かったため、新システムがうまく動作しませんでした。古いシステムではよくある話ですが、2バイト文字と1バイト文字が混在していた

り、同じ意味合いの言葉が異なるデータ項目として登録されていたり、そんなものが沢山含まれる、いわゆる「汚い」データだったようです。

旧システムを知らないベンダとIT知識のないユーザ。責任はどちらに？

　こうした場合、その責任がどちらにあるのかは微妙なところです。既存システムに関する情報提供はユーザ側の責任です。ユーザは古いシステム内にあるデータの状態を確認し、そこに不整合や欠落があるなら、それをクレンジングして綺麗な状態で新システムの開発ベンダに渡してあげなければならないというのが原則ではあります。しかし、ITに関して深い知識を持っていないユーザにとっては、そもそも何をどうすればよいのかがわかりません。2バイト文字、第一正規化、プライマリキー……こうした言葉の意味をよく知り、データベースのテーブル定義についても理解した上で、現在の状態と問題点をベンダに説明できるユーザは少数派です。旧システムを保守・運用しているベンダの技術者がいれば説明してもらうこともできるかもしれませんし、データに関する設計ドキュメントが残されていれば、まだ救いがあるのですが、実際には開発当初のメンバーはもうおらず、中身について知る人もドキュメントもないシステムも多いのが現実です。だからこそ、こういう問題が起きてくるのでしょう。ユーザにしてみれば、システムのアクセス権限だけをベンダに与え、「好きに調べてくれ」というのが本音でしょう。

　一方で、ベンダにはベンダの言い分があります。なんと言っても、自分の知らない人達の作ったシステムです。そのシステムの持つデータ構造を隅々まで正しく理解した上で、実際のデータが正しく記録されているのかを調べつくすのは、やはり酷な話です。私もそういう仕事に携わったことがありますが、他のベンダの作ったシステムに溜め込まれたデータの構造、項目を調べつくした上、そこに格納されるデータが正しいのかを見極めるのは、大変な苦労です。たとえて言うなら、東京ディズニーランドに来る来場者から風邪をひいている人だけを探し出せと言われるようなもので、一見すると普通に見えるデータを十数万件も調べて、他と異なる数百のデータを見つけ出すという作業は、もはや、それ自体が一つの小さなプ

ロジェクトであり、簡単な"調査"という中の一作業ではありません。そんな大変な作業を請け負った覚えのないベンダは、ユーザからのデータを概ね正しいものと考え、作業を行ったのです。

その結果、データの調査とクレンジングという大切な作業がなおざりとなり、こうした事件に発展してしまいました。技術力の足りないユーザと情報・知識の足りないベンダ。この裁判では、どちらに責任があると判断されたのでしょうか。

ユーザの協力義務

（東京地方裁判所 平成 28 年 11 月 30 日判決より〈続き〉）

　一般に、ユーザが業務上使用するコンピュータソフトウェアのシステムの開発をベンダに発注・委託する場合において、ベンダがコンピュータシステムの専門家としてユーザの要求に応えるシステムを構築する責任を負うことは当然である。

　しかし、ユーザが業務などに関する情報提供を適切に行わなければ、そのようなシステムの構築を望めないことから、ユーザは、ベンダによるシステム開発について、ベンダからの問い合わせに対し正確に情報を提供するなどの協力をすべき義務を負うものと解するのが相当である。

　本件においても、ユーザがそのような協力義務を負うことについては、否定されるものではない。

結局、この判決では、不整合のあるデータに関する調査をするのはベンダだが、データに不整合があるかを示唆して、それに関する情報を提供するのはユーザの協力義務だったとして、ユーザにも一定の責任を求める判決が出ました。実際には、ユーザが旧システムのデータのことを理解して不整合の有無を示唆するというのは、素人であれば難しかったようにも思え、少し気の毒な気もしないではありません。

61

第Ⅰ部　役割分担

今後のビジネスにおけるITスキルの重要性

　しかし、これが今のビジネスの現実だとも言えます。正直なところ、これからの時代、今まで非IT企業であった会社も、社員がITのことを知らないようでは競争に勝てなくなっているのも事実です。この判決のように古いシステムから新しいシステムに切り替えるにあたり、データを移行しようということ自体は昔からあることですが、最近は、古いシステムや新しいビジネスをクラウドコンピューティング上で実現する動きが各企業で急速に進んでいます。古いデータをクラウド上に移植することが急激に増えてきているのです。その際、データ移動のために専門業者を雇うことも考えられますが、この判決の例のように、古いデータの品質に関することは、昨日今日入ったベンダには理解できないことも多く、やはり何年もデータを使って仕事をしているユーザの担当者が、その構造や中身について、日ごろから勉強しておくことが大切です。

　ITの世界では、今、大きくその主役がベンダからユーザに移っています。一昔前であれば、システムに具備すべき機能も設計もプログラミングも、そして導入・テストもその殆どをベンダがやっていたのですが、アジャイル開発が主流になりつつある今は、プログラミングこそベンダが行いますが、それ以外のシステムの機能検討やテスト、そして、この事件で問題になったデータの移行も、ユーザが指示してベンダは手を動かすだけという風に変わってきています。世界最大のタクシー会社であるUberも、民泊予約サイトのAirbnbも、そのシステムを作っているのは実質的にビジネスを展開するユーザであり、ベンダは猫の手と言ってもよい状態です。日本でもビズリーチという会社では、システム作りの全てを社内で行い、そのために社員の9割以上が一定のITスキルを持っています。

　どんな会社にも、情報システム部門や最低でもITに明るい人間が必要だという時代は、過ぎ去りつつあるように思います。これから先は、ビジネスに携わる誰もが、一定のITスキルを持っていなければならない。そんな時代が近づいているのではないでしょうか。

第9章

ユーザ側の責任と協力の重要性

第Ⅰ部　役割分担

　本章で取り上げるのは、第3章と同じ判決です。前回はIT開発におけるプロジェクトの進め方や、IT開発では完成後に多少の不具合が残存するということなどについて、ユーザに知識がなかったために、プロジェクトが混乱したという事例をお話ししました。念のため、前回の概要と判決について、もう一度、ご紹介します。

ユーザ企業の知識不足が混乱させたプロジェクトの例

（大阪高等裁判所 平成27年1月28日判決より）

　あるユーザ企業がベンダに経営情報システム（本件システム）の開発を委託し代金の一部約6800万円を支払ったが、結果的にシステムは完成しなかったと述べて契約を解除し、債務不履行による損害賠償請求（または原状回復請求）として代金相当額の返還を求めて、裁判となった。

　これに対してベンダは契約解除は無効であり、また保守業務あるいは契約外も業務を実施したとして約7000万円の支払いを逆に求めた。

　このプロジェクトでは、訴外のコンサルタント会社が基本設計を行い、ベンダ企業は、それを受けて詳細設計を行うこととなっていたが、その途中、ユーザ企業の判断でコンサルタント会社はプロジェクトを脱退してしまった。コンサルタント会社の作成した基本設計書は脱退時点で不十分なものであり、ベンダ企業は自身で基本設計をやり直すという提案を行ったが、ユーザ企業は拒絶した。

　その結果、プロジェクトは既存の基本設計書をそのままに、その作成責任者をベンダに切り替え、ベンダの作る詳細設計書に基本設計書を組み込むという異例な体制をとることとなったが、出来上がったシステムには不具合が残存しており、ユーザ企業はシステムの未完成を主張して、損害賠償請求に至った。

64

第9章 ユーザ側の責任と協力の重要性

　裁判はベンダ側の勝利に終わりました。裁判所は、「ユーザはシステムが完成していないと主張するが、受入テスト段階で検出された不具合は、ユーザ自身の行ったテストの方法や使用したデータに問題があったものや、軽微で容易に改修できるものばかりであって、そうした点を勘案すれば、システムは完成したものとして見なせる。ユーザはベンダに費用を支払わなければならない」と述べました。

ベンダの謝罪"は裁判で重要視されるのか

　本章ではこの判決文の中から、ユーザ側が少し気をつけておくべき点について、お話ししたいと思います。ポイントは "ベンダの謝罪" です。いまさら説明するまでもありませんが、IT のプロジェクトというのは、開始時点から終了時点まで、あるいは終了後においても多くの問題が発生し続けます。プロジェクトの進捗が当初のスケジュール通りにならないのは日常茶飯事ですし、設計にもプログラムにも勘違いや技術不足などによるミスは、それこそ山のように入り込んでいます。それらの多くは、ベンダ側が自身の生産性の見積もりを間違っていたり、技術的な難易度を見誤っていたりという明らかにベンダ側に責任のあるものも多いわけですが、この事件のように、一見すると、責任がどちらにあるのかよくわからないものもあります。そうした場合においても、ベンダ側は"お客様"に対して、とりあえずお詫びをして改善策を提示したりします。

　この事件でもベンダ側は、開発の失敗の原因が自分達にあるとして謝罪しており、また、法的紛争となった以降も自らシステムが未完成であることを認めて、既に受け取った開発費用の一部を返却するという調停案も出しています。ことの経緯はともかく、プロジェクト中であれ、紛争発生後であれ、とにかく事を穏便に済ませたいベンダ側が、譲歩する姿勢を見せたわけです。

　ところが、ユーザ側は、これこそプロジェクト失敗の責任がベンダ側にある証拠だと、控訴審においても主張しました。これは裁判においてはよくあることで、他の訴訟や調停でも、ベンダの出した謝罪メールを証拠として提示するユーザはよくあります。

65

第Ⅰ部 役割分担

　さて、こうした場合、裁判所はこうしたベンダの謝罪をどれぐらい重要視するものなのでしょうか。判決文の中から抜粋してみましょう。

（大阪高等裁判所 平成27年1月28日判決より〈続き〉）

　ベンダ代表者の発言内容について検討すると、（中略）本件仕事の完成の有無は、その客観的な作業内容により判断されるべきであって、ベンダ代表者の発言内容によって左右されるものではない。
　（中略）
　ベンダ代表者は、別契約で別料金となる第2次開発を請け負うことにより、撤退表明後は人的支援等により、上記損失を少しでも回収することを主な目的として、ユーザの抗議内容に同調したり謝罪を伴う発言をしていたにすぎないとも考えられるから、ベンダ代表者の発言内容のみをもって、直ちに、本件仕事が未完成であることの法的責任を認めたことになるものではない。
　（中略）
　調停手続は、当事者双方の法的主張の当否を判断することなく、当事者双方が譲り合って円満な解決を目指す手続であるから、一定額の提示をしたことや、未払請負代金請求をしなかったことが、本件仕事の完成の有無と無関係であることは明らかである。

　ご覧の通り、裁判所は、ベンダの謝罪自体はシステムが完成したかどうかの判断材料にはならないとして、ユーザ側の主張を退けました。裁判所は、謝罪があったとか、検収印を押したといった外形的な証拠よりも、開発されたシステムの中身やそこで行われた作業の実態を重要視して判断をするということのようです。

プロジェクト成功への鍵

　裁判の結果としてはこうなったわけですが、私自身、ベンダ企業の出身であるという経験も踏まえて、ユーザ企業の方にちょっと注意していただきたいことがあります。簡単に申し上げるなら「ベンダの謝罪があっても

第9章　ユーザ側の責任と協力の重要性

ユーザに責任がないということではない」ということです。ユーザ企業の方の中には、たとえば、プロジェクトの進行が遅れているようなとき、ベンダが「申し訳ありません。人を投入するなどしてリカバリします。」などと謝罪をすると、「ああ、じゃあベンダさんが責任をとってくれるのね」と自身では何もしなくてよいと考える方もいます。

　しかし、この裁判が表すように、ベンダというものは必ずしも自分が100％悪いと思っていなくてもとりあえず謝罪をしてしまうものです。たとえば、ユーザ側の要件定義が遅れたためにスケジュールが押してしまったときなども、「私達が頑張ります」と言って、ユーザの非を追求しないベンダは、かなり存在します。このあたりはベンダ側も少し考えてほしいところではありますが、実際にはスケジュール遅延に対して手を打たなければならないのはユーザなのに、それを自覚しないまま事態が改善せず、気が付いたときには手遅れというプロジェクトは、それこそ日常茶飯事のように発生しています。

　そもそも、ITプロジェクトというのは、仮にベンダが100％悪くても、そのリカバリのためにユーザ側も協力しなければなりません。テストの不具合解決が予想外に困難でスケジュールの目途が立たなければ、不具合のない箇所だけを先にリリースするとか、ユーザ側も人を出して協力するなどしなければ成功しないのがITプロジェクトです。それをベンダが謝罪したからといって、“全てお任せ”していたのではプロジェクトの成功などおぼつきません。

　ベンダは自分が悪くなくても謝罪するし、たとえユーザに責任があっても、それを追求せず解決への協力依頼も躊躇しがちな存在です。それを踏まえた上で、プロジェクトを成功させるためには、どうしてもユーザ側が自分達の責任とするべき協力を積極的に探す姿勢が必要です。

　ベンダがプロジェクトの問題を提示してきたとき、ユーザ側には、その原因の中から自分達の責任を客観的に抽出すること、そして責任の所在によらず自分達にできることは何なのかを考えるという姿勢が求められるでしょう。

67

第10章

システム開発の検収における
ユーザの債務

第Ⅰ部 役割分担

　第1章では東京高等裁判所における平成27年6月11日判決を例に、システムの要件定義で、ユーザがつい使ってしまいがちなNGワードをご紹介しました。「既存システムの機能の通り」「既存システムの機能を網羅・踏襲すること」……こうした言葉は結局、システムの要件を曖昧にして開発ベンダとの間に意識の齟齬を生んでしまいます。いくら優秀なベンダでも、他人の作ったシステム（同じ会社の違う担当者も含みます）の機能や性能などの特徴を全て正確に把握してくれる確率はそう高くありません。どんなに丹念に調べても、その詳細な動作や使い勝手については理解しきれないことも多く、また、ユーザ自身も誤解している部分もあったりして、結局、前のシステムからのデグレードを起こしてしまう危険があります。こうしたことを防ぐためには、要件を定義するとき、既存システムが持つ機能についても要件として明確に記述する必要があります。

ユーザが検収を拒否した事例

　ここでは、第1章と同じ判例をもとに「システム開発の検収におけるユーザの債務」について考えてみます。この判例を別の観点から見てみたいと思います。

　システム開発の最終段階において実施する"検収"。ベンダの作ったものが契約通りのものであるかを最終的に確認し、お金を払うのかを決定する検収行為は、ベンダはもちろんユーザにとっても非常に重要なものであることには異論はないと思います。

　ベンダには契約で約束した期限通りにシステム開発を完了させ、ユーザが検収行為を行うための準備も万全に整えておく義務があります。

　一方で、ユーザは、ベンダに検収をしてほしいと依頼されれば、しかるべき時期までに受入検査を実施して、問題がなければ検収行為を行う債務があります。本章では、そのあたりについて、この判決が触れた部分について見ていきたいと思います。まずは、第1章と同じですが、判決文から事件の概要を抜粋した部分をご覧ください。

70

第10章　システム開発の検収におけるユーザの債務

（東京高等裁判所 平成 27 年 6 月 11 日判決より抜粋・要約）

　あるユーザ企業が自社の販売管理システム開発をベンダに委託し、要件定義、設計、構築、運用準備・移行サービスを内容とする開発基本契約を締結した。

　ベンダはこの契約に従ってこのシステムを開発し、ほぼ自社の作業が終わった時点で出来上がったシステムをユーザに見せながら内容の説明を行ったが、ユーザからは複数の不具合が指摘された。

　ユーザとベンダはこの指摘への対応について話し合い、結局、ユーザが追加費用を支払って開発を継続することで合意したが、追加作業を行った後もユーザは満足せず、システムの検収と費用の支払いを拒んだためベンダが訴訟を提起した。

　ユーザが費用支払と検収を拒んだ理由は主に①システムに多数の不具合が存在すること、②既存のシステムにある機能を新しいシステムが網羅していないことだったが、ベンダは①については、システム開発である以上多少の不具合混入は不可避であり、これは債務不履行ではなく瑕疵担保責任として対応すべきものであること、②については、既存システムの機能は満たしていると主張した。

　ご覧の通り、この紛争ではユーザが検収を拒否した理由が妥当であるかが問題になりました。ユーザは「システムには不具合が多く残存しており未完成だから検収しない」と言っています。一方でベンダは「不具合は完成したシステムに含まれる瑕疵に過ぎず修補可能なものなのだから、検収をしないユーザはシステム開発発注における責任を果たしていない」と訴えています。

システム完成の条件とは？

　結局のところ、この問題はシステムを完成させたと言える条件がどのようなものであるのかがポイントになりました。そういった条件をシステムが満たしていないのなら、ユーザは検収と費用の支払いを拒むことができます。しかし多少の不具合があっても、条件を満たすものであるならユー

71

第Ⅰ部　役割分担

ザには検収を行う義務があり、しかるべき時期までにこれを行わないと
ユーザは検収にあたっての「債務」を履行していないとされ、自然に"検
収"が成立してしまうこともあります。

　この事件の判決と他の判決における裁判所の考え方から、このあたりに
ついて考えてみたいと思います。以降では、判決文を見ていただきます
が、実はこの裁判では、この争点について第一審である東京地方裁判所の
判決をそのまま支持していますので、ここではそちらの判決文を引用させ
ていただきます。

（第一審判決より）

　請負型のソフトウェア開発契約においては、原則として、構築した
ソフトウェアについてユーザーによる検収作業が行われ、検収が完了
することにより、仕事が完成したというべきであるが、検収のために
はユーザーの協力が不可欠であり、ユーザーが検収に協力をしないた
めに、検収を完了できない場合には、ベンダー側で検収前の作業を全
て完了し、構築したソフトウェアが仕様確定作業により確定された仕
様を満たす状態で、ユーザーにおいて検収できる状態にしていれば、
請負の仕事の完成を認めるのが相当である。

　また、ソフトウェア開発においては、初期段階で軽微なバグが発生
するのは技術的に不可避であり、実務的にも納品後のバグ対応も織り
込み済みであることに照らせば、バグが存在したとしても順次解消で
きる類のものであれば、瑕疵担保責任の問題として考えるべきであ
り、当該ソフトウェアの完成の認定を妨げるものではない。

裁判所の示すシステム完成の基準を要約すると次のようになります。

1. ベンダが予定されている作業を全て完了していること
2. 仕様を満たしていること
3. 不具合があっても順次解消できるものであること

このうち、1.については計画書などに記された作業を終えていることですから、比較的わかりやすいと思います。また、2.についても要件として定義した"仕様"を全て満たしているか、つまり約束した機能を具備し、速度や容量、使い勝手やセキュリティなどが、約束通りであればシステムは完成しているということになります。

不具合のあるシステムは完成しているのか？

では、3.の不具合についてはどうでしょうか。これについて判決では、「ソフトウェアに不具合があっても解決の見通しがついているなら、これも瑕疵でありシステムの未完成にはあたらない」としています。システムの不具合は、あくまで納入後、ベンダが修補すべき瑕疵であり、これを理由に検収を拒むことはできないと言っています。

ただ、この部分だけを見るとシステムにどれだけの不具合があっても、ユーザは検収しないといけないようにも読めてしまいますが、やはり2.に示す「機能が満たされていること」という条件がある以上、一通りの動作をしないようなシステムについては、やはり検収が義務付けられるものとは言い切れません。実際に東京地方裁判所で平成16年6月23日に出た判決では、システムの不具合でも、通常の業務に使う処理の成功率が32.5%にすぎないような深刻な不具合の場合は、やはりシステムの完成自体を認められないとする判断も出ています。

つまり要約すると、システムに不具合があっても通常の業務が行える程度の不具合で、かつ常識的な時期までに改修の見込みが立っているものについては、それを理由に検収を拒むことができないということになると思います。

検収行為はユーザの「債務」

いずれにせよ、システムが「通常業務に一応使える」程度に出来上がっているなら、多少の不具合や機能の欠落があっても、ユーザは検収を拒否

第Ⅰ部　役割分担

できません。仮にこうした状態のシステムを検収せずに無視し続けても、自動的に検収したこととされてしまうケースもあります。

　ベンダから開発作業の完了を知らされたら、計画通りに受入検査を実施すること。そこで不具合があっても、通常業務として使用できるものであるなら検収し、後は瑕疵として確実な改修計画をベンダに提示させ合意すること。ユーザが検収する際は、これらのことはシステム開発の請負契約においては、ユーザが責任を持って行うべき「債務」であるということを覚えておいたほうがよさそうです。

第 11 章

サーバホスティング事業者に預けた
ソフトウェアの滅失

第Ⅰ部　役割分担

　最近はクラウドコンピューティングが普及してきたこともあり、ユーザ企業が自社システムを構成するプログラムやデータを外部の専門業者に預けて運用してもらうことも多くなりました。自社で運用するよりも安価で、かつセキュリティ管理など、技術知識が必要な作業を専門家に任せてしまえるので、この手のサービスは必ずしもITの専門家ではないユーザ企業にとってメリットも大きく、これから益々増えていくことでしょう。

サーバホスティング事業者に預けたプログラムとデータがなくなった

　いくら専門家が万全を期して運用していたとしても、人間の作った機械やソフトウェアを人間が運用しているわけですから、絶対に安心ということはありません。サーバホスティング事業者やクラウド業者など、サービス事業者の、ちょっとした手違いや予期せぬ機械の不具合により、大切なプログラムやデータが失われてしまう危険は当然にゼロになるわけではなく、実際、裁判所に上がってくる事件の中にも、サーバホスティング事業者に預けたデータが機械の不具合で滅失してしまい、その損害を求めてユーザ企業がこれを訴えたというものがいくつかあります。

　そうした場合、ユーザ企業はサーバホスティング事業者に損害の賠償を求めることができるのでしょうか。本章では、そんなIT訴訟についてご紹介したいと思います。

　ご紹介するのは、平成21年に東京地裁で判決が出た紛争なのですが、この事件の場合ちょっと複雑なのは、登場人物が3社である点です。最近はこうした形態も随分と増えてきましたが、ユーザ企業はサーバ運用事業者にシステムの運用を任せていたが、この事業者は運用を任されたシステムをさらに外部の事業者に借りたサーバ上で運用していたというものです。つまり、ユーザと運用事業者との間には運用サービスの契約が存在し、運用事業者とサーバホスティング事業者との間にはサーバホスティング契約が存在しますが、ユーザ企業とサーバホスティング事業者の間に特段の契約は存在しません。読者の皆さんの会社でもこうした形でシステムはないでしょうか？

76

第11章　サーバホスティング事業者に預けたソフトウェアの滅失

　こうした、ちょっと複雑な契約のもとで発生した事件について、まずは概要から見ていただきたいと思います。

（東京地方裁判所 平成 21 年 5 月 20 日判決より）

　あるユーザ企業がサーバ運用事業者に自社システムの運用を依頼したが、運用事業者は、このシステムを外部業者（以下、サーバホスティング事業者）のサーバに配置して運用していた。

　ところが、ある時このサーバに不具合が発生し、ユーザの企業のプログラムとデータが消失してしまった。障害はハードディスクの故障であって、人為的なミスはなかった。

　そこでユーザ企業はサーバホスティング事業者に対して、損害賠償として約2億円を請求し、訴訟となった。

　現代の企業活動において、業務システムとそこに格納されるデータは、企業活動の生命線です。それが丸ごとなくなってしまったのですから、ユーザ企業が誰かに損害の賠償を求めたくなる気持ちはわかります。さらに、原因が人為的なミスではなくハードディスクの故障というのですから、損害賠償を運用事業者ではなくサーバホスティング事業者に求めたのも、それなりに理屈が通る気もします。

　民法にはいわゆる“善良なる管理者の注意義務”というものがあります。簡単に言えば、何らかのサービスなどを提供する契約を結んだ受注者には業務の必要上、発注者から預かったものを責任を持って管理する義務があり、これに違反すると不法行為に基づく損害賠償を請求されるというものです。この義務を考えれば確かに、サーバホスティング事業者にも何らかの義務があるのではと考える方もいるでしょう。

　ただこのケースの場合、ユーザ企業とサーバホスティング事業者の間には何も契約は存在しません。注意義務の元になる契約がないのです。そうした場合でも、ユーザ企業は損害賠償の請求をサーバホスティング事業者にできるものなのでしょうか。

　裁判所の判断を見てみましょう。

77

第Ⅰ部　役割分担

直接契約のないサーバホスティング事業者に損害賠償を求められるのか

（東京地方裁判所 平成 21 年 5 月 20 日判決より〈続き〉）

　サーバホスティング事業者はサーバ運用事業者との間で（サーバの）利用契約を締結しているだけであって、ユーザ企業との間には契約関係はなく、本件サーバに保存された本件プログラムや本件データの保管について寄託契約的性質（サーバに格納されたプログラムやデータを、責任を持って預かるという性質）があるともいえないから、（中略）不法行為法上の善管注意義務を負うとする根拠は見いだし難い。（サーバホスティング事業者が）本件サーバに保管された記録について善管注意義務を負うとか、記録の消失防止義務を負うということはできない。

　ご覧の通り、サーバを貸しただけでユーザ企業と直接の契約関係もないサーバホスティング事業者の責任は、格納されたプログラムやデータまでには及ばないという判断で、ユーザ企業の請求は棄却されてしまいました。ユーザ企業としては非常に残念な結果ではありますが、とにかく、契約がないことには責任も存在しないのです。

　裁判所がこうした判断をしたのには、もう一つの理由があるようです。

　実はサーバ運用事業者とホスティングサービスの契約には、免責事項が含まれていました。簡単に言うと、サーバホスティングサービスの責めに帰すべき理由でホスティングサービスの利用ができなくなったときでも、その賠償の上限は月額料金を超えないとするものです。問題がどれだけ重大であっても、賠償の上限は月額料金までというのですから、かなり軽いように思えます。

　さらに、この免責事項には“サーバ運用事業者が、このサーバを自らのサービスに利用し、第三者（この場合はユーザ企業）に運用サービスを提供することは認めるが、その場合、第三者も、この免責規定が及ぶことを前提とする”という意味合いの条文が含まれています。

第11章 サーバホスティング事業者に預けたソフトウェアの滅失

この免責規定から見ても、サーバホスティング事業者の責任は限定されるというのが裁判所の考えです。

サーバホスティング事業者の責任は限定的であることを前提に

結局、この問題はユーザ企業と運用事業者との間のことであって、サーバホスティング事業者の責任は限定されるということになります。ユーザ企業にも運用事業者にも悪意や過失はないのですが、一般的に、サーバをレンタルする契約にはこうしたものが多く、いざというとき、誰が、どのように責任をとるかについては、この両者間でよくよく話し合っておく必要があったようです。この事例では、おそらく、そうした話ができていなかったのではないでしょうか。だからこそユーザ企業は、運用事業者ではなく、サーバホスティング事業者に損害賠償を求めざるを得なかったのかと思います。

たとえ非がなくても、ホスティング事業者の責任が限定的であることを前提に、ユーザ企業と運用企業で責任をどのように分担するのかということを決めておく必要があったのです。このあたり、このユーザ企業と運用事業者は脇が甘かったと言わざるを得ません。

皆さんのところでは、いかがでしょうか？

さらに、裁判所は今後こうしたことが起きないよう、判決でユーザ企業に注意喚起をしています。

（東京地方裁判所 平成21年5月20日判決より〈続き〉）

サーバは完全無欠ではなく障害が生じて保存されているプログラム等が消失することがあり得るが、プログラム等はデジタル情報であって、容易に複製することができ、利用者はプログラム等が消失したとしても、これを記録・保存していれば、プログラム等を再稼働させることができるのであり、そのことは広く知られているから、ユーザ企

79

第Ⅰ部 役割分担

> 業は本件プログラムや本件データの消失防止策を容易に講ずることが
> できたのである。

こんな当たり前のこと、裁判官なんかに言われたくはないですよね？

第 II 部

信頼関係

第 12 章

ベンダに期待だけさせて
裏切ったユーザ

第Ⅱ部　信頼関係

　裁判所の判例でも時々見る言葉ですが、システム開発は、ユーザとベンダの共同作業です。そこには一定の信頼関係があり、お互いの期待を勝手な理由で裏切るようなことは許されません。しかし実際には、とりわけユーザがベンダを裏切ってしまうケースがあります。特に、システム開発の工程をいくつかに分けて発注するような場合、最初の工程を発注したベンダに後続の発注も期待させておいて、実際には別のベンダに発注してしまうということは珍しくありません。こうしたとき、それはやはり信頼を裏切ったということになるのでしょうか。それとも契約は最初の工程だけなので、後続工程を発注しなかったとしても、それは通常の商取引とみなされるのでしょうか。本章では、そんな例を見てみたいと思います。

　システム開発をベンダに依頼する際、要件定義と後続工程を別のベンダに依頼するなど、途中でベンダを変えることは珍しくありません。世の中には、ユーザ業務に強い IT ベンダもいれば、モノづくりが得意なベンダもいるわけですから、「餅は餅屋」で、別々に発注することは、ユーザ側からすれば、それなりに合理的なことと言えます。

　また、要件定義を発注するベンダは決まったが、後続の設計や開発については今後検討するということだってあるでしょう。システムの要件が決まらないことには、必要となる技術もハッキリとせず、どんなベンダあるいは技術者に依頼すべきか決められないこともあるわけですから、これもある意味、仕方のないことです。

　ただ、中には発注が分割で行われ、後続工程についてはどこに発注するかまだ正式には決まっていないことを双方が確認できないまま要件定義を実施し、後続工程のベンダ選定にあたってトラブルになるというケースもあります。正式な契約はともかく、要件定義を受注したベンダが、後続工程の作業も自分達に依頼すると期待をしていたのに、ユーザが別のベンダに発注してしまった。元のベンダとしては後続工程の受注も期待したからこそ、要件定義中も色々と無理をしたし、後続工程用のメンバーも他の仕事を断ってアサインしていたのに、これでは約束が違うと紛争になってしまう。そのようなケースです。

　もちろん、ユーザ側が特に後続工程を依頼していないのに勝手に期待していたのであれば、それはベンダ側の勇み足ということになるのですが、

84

第12章　ベンダに期待だけさせて裏切ったユーザ

少しでもベンダに期待を持たせるようなことを言っていたのだとすれば、ユーザ側にもそれなりの責任があるのではないかという議論になります。

　本章では、そんな後続工程の発注を巡る紛争について考えてみたいと思います。

後続工程の発注を巡る紛争の例

（東京地方裁判所 平成20年7月29日判決を要約）

　ある電子商取引事業会社（ユーザ）が、業務系システムの構築を企画し、開発ベンダ（ベンダ）と基本開発契約および機密保持契約を締結しました。この段階では個別の契約は結ばれておらず、具体的な作業内容や金額については、なんの約束もありませんでしたが、ベンダは、多くのメンバーをユーザに常駐させ、要件定義と設計作業を行いました。

　ところが、ユーザは、ベンダが作業する中、このシステムの開発を別のベンダに依頼したいと考えるようになり、ある時、それまでにベンダが作成した資料も中に織り込んだRFP（提案依頼書）を作成して、複数社による入札をかけました。

　ベンダは突然のことに驚きながらも、自身も入札に参加しましたが、結局、後続の開発は別の業者が落札しました。

　正式な契約こそないものの、ベンダとしてはこのシステムの開発を全て請け負ったと考えたからこそ、メンバーを常駐させ着手していたのです。それを要件定義と設計の途中でいきなり取り上げ、別の業者に発注したというのでは「約束が違う」と言いたくなる気持ちもわからないではありません。ベンダは次のように主張して、ユーザに損害賠償を求める訴訟を提起しました。

85

第Ⅱ部　信頼関係

- 費用や作業範囲を記した個別契約書の取り交わしこそないものの、開発契約は事実上、成立しており、これを勝手に破棄したユーザには、損害賠償をする責任がある
- もしも、契約の成立がなかったとしても、ベンダに正式契約を期待させながら、結局、発注しなかった行為は、信義則違反であり、やはり損害を賠償する責任がある

　「信義則違反」というのはあまり聞かない言葉ですが、要は相手に期待だけさせて、作業を行わせ、お金を払う段になって「契約がないから払わない」というのは裏切り行為である、といった理解でよいと思います。

　確かに、ベンダ側の主張も頷けるものもあります。ただ、ここまでの経緯をドライに見れば、何せ正式な契約はもちろん、注文書のやりとりもなかったようですので、ベンダの主張が通るのか微妙なところです。見方を変えると、まだ金額も作業範囲も決まっていない中、ベンダが勝手に作業を始め、ユーザ側が断った途端に「お金を払ってください。」と言い始めたのなら、ベンダの身勝手と捉えられなくもないのです。そのあたりは、契約書や注文書の有無よりも、むしろ開発現場においてどのような会話がなされていたかが鍵になりそうです。

作業範囲や金額の合意がなくても契約破棄は成り立つか

　判決文の続きを見てみましょう。第一の争点である、開発契約は事実上あったのかという点です。もしも契約書や注文書がなくても、裁判所が、これこそ事実上の契約だと認めるものがあるなら、ユーザには、損害賠償の義務が発生するかもしれません。

（東京地方裁判所 平成20年7月29日判決より）

　裁判所は、以下を理由に事実上の契約はなかったと判断しました。

- 秘密保持契約を締結した時点でシステム開発の範囲が明確になっていなかった
- 機密保持契約、基本開発契約には、委託業務の範囲は明示されていなかった
- 金額についても、具体的な協議がなかった

　結局、この裁判ではユーザの信義則違反は認められず、損害賠償請求は棄却されたのです。

実際には、ついつい、信義則に違反してしまうことも……

　しかし、実際の開発現場に身を置いてみると、ユーザがこんなことを言いたくなる場面もあります。とにかく納期が迫っているので正式契約を待たずにベンダに作業をしてほしいなどと思うことは、それこそザラにあるでしょう。そして、急遽探したベンダのスキルが思いのほか低く、キリのよいところで別のベンダに発注したい。幸いなことに、金額や作業内容を確定した契約は結んでいないのだから問題ないだろう。でも、今、そんなことをベンダに告げたら、やる気をなくすかもしれないし、突然引き上げてしまうかもしれない……。そんな考えが頭を巡ることは、IT ユーザにとって決して特殊なことではないと思います。ですので、信義則違反は決して他人事ではないと思ったほうがよさそうです。

　こうした紛争を避けるためには、当然、ユーザもベンダも正しい手順を踏み、金額や作業内容について合意した上で契約を結んでから作業着手すべきですし、ユーザ側はそのスキルや実績をよく吟味してからベンダに発注すべきです。

　ただ、現実的には時間に余裕がなく、そうも言っていられない場合があるのも事実でしょう。そうした場合でも、ユーザは、ベンダに最低限の作業範囲（最悪でもここまではやってもらうという範囲）と、それに対応する金額、スケジュールについてだけ合意し、ベンダに過度な期待を持たせないようにすることが大切です。まして、他社との接触の可能性を秘匿し

第Ⅱ部 信頼関係

たり、入札は形式的なものなどと嘘をついたりするのではお話になりません。私はベンダサイドの営業職に就いていた経験がありますが、自社内はもちろん、ライバルとなる他ベンダであっても、こうした目にあったと聞けば、そういうユーザ企業には近づかないように心掛けていました。

　受注活動を行える相手が減るのは残念ですが、不確かな情報に振り回されることのほうが、ベンダにとっては避けたいことだからです。

第13章

勝手に値引きを期待していたユーザ

第Ⅱ部 信頼関係

第12章では、システム開発の上流工程を正式に発注したベンダに対し、その作業を完了した後も後続工程の発注を期待させ、正式な契約がないまま一部作業まで行わせていたユーザが、突如として作業を別のベンダに発注したために、当初のベンダが損害賠償を求めたという事件について、ご紹介しました。

ユーザがベンダを裏切る例は多い

「正式な契約がなくても、自分達が作業していたことをユーザは黙認していたのだから事実上、契約はあった。それを勝手に反故にしたユーザには損害賠償義務がある」というベンダと、「正式な契約がないのだから一方的な契約解除にはあたらず、損害賠償義務などない」とするユーザ。裁判所は、これについて、仮に正式な契約書がなくてもベンダが後続工程の作業を行っていることを黙認したユーザの態度はベンダに追加発注を期待させるもので、突然、別のベンダに依頼したことは「ユーザの信義則違反」にあたるとして、ユーザに損害賠償を命じました。

たとえ正式な契約書がなくても、事実としてユーザに作業をさせていれば、実質的に契約を結んだのと同じことだというわけです。こうしたことは、他の裁判の例でも見受けられ、判決内容から見てもこのあたりの裁判所の判断は似たような結果になることが多いようです。

裏切るつもりはなくても、「甘い期待」がプロジェクトの失敗を生む

本章でご紹介する事件も、契約なしにベンダが作業を開始してしまったという点では同じです。ただ、少し違うのは、ユーザ側も当初はベンダに作業を依頼する気があったということです。第12章の判決の場合は、ある意味、ユーザの悪意を感じる部分もありますが、この事件のユーザの場合、ただベンダの提示金額が高すぎるからなんとか値引いてもらおうと交渉をしたがうまくいかなかったというものです。それでも、やはり、ユーザは信義則違反となるのでしょうか。判決文から、まずは事件の概要を見てみましょう。

90

第13章　勝手に値引きを期待していたユーザ

（東京地方裁判所 平成 24 年 4 月 16 日判決より）

　健康教育・疾病予防等の事業を行う財団法人（以下 ユーザ）が、新
健診システム・生涯健康データベースシステム（本件システム）を開
発する業者選定のために RFP を提示し、あるソフトウェア会社が、
開発ベンダとして採用された。

　スケジュールの関係もあり、ベンダは、正式な契約を待たずに作業
を開始し、ユーザも、これに協力したが、契約については、ユーザ側
からの見積もり要求をベンダが受けられないことから、いつまで経っ
ても締結することができずにいた。

　それでもベンダは作業を継続していたが、結局、金額面の溝は埋ま
らず、最終的には、ユーザ側からベンダ側に契約締結ができない旨を
通知した。

　ベンダは、これは、実質的にユーザからの一方的な契約解除である
とし、自分達には非がないことも主張しながら、約 9000 万円弱の損
害賠償請求をユーザに行い、裁判となった。

「見積もり通り」と作業を始めたベンダ/
値引きを期待したユーザ

　第 12 章の事件の場合は、ユーザがベンダに発注するような素振りを見せ
ておいて、突然、別のユーザに乗り換えてしまったので、確かにベンダの
信頼を裏切る行為だったかもしれません。しかし、この事件のケースは、
ユーザに“悪意”はなく、このベンダと共にシステム開発を行っていこうと
いう意思はあったわけです。また、作業を開始する時点では、ベンダ側も
金額について合意していないことは十分に承知していたわけですから、一
方的に、ユーザにだけ責任があるということでもない気もします。

　しかし一方で、開発中に「これ以上契約が遅れるようなら作業を中断す
る」というベンダに、「もう少し作業を続けてほしい」と言いつつ、値引き
を諦めないユーザ側にもやはり問題はある気がします。さて、裁判所は、
どんな判決を下したのでしょうか。

91

第Ⅱ部　信頼関係

> **（東京地方裁判所 平成 24 年 4 月 16 日判決より〈続き〉）**
>
> 　事実関係を総合勘案すると、ユーザは、ベンダを本件システムの構築事業者に選定した後、（開発が始まってから）契約締結を躊躇する姿勢を示すようになり、一方的に、見積内容に疑問があり、見積金額を減額すべきである旨を主張し、結局、見積金額の合意が成立する見込みがないとして契約締結を拒絶するに至ったのである。
>
> 　そうすると、ベンダとしては、（開発開始時点では）見積書記載の見積金額で本件業務委託契約が締結されるものと信頼して本件システムの構築に向けた具体的作業を行っていたことは明らかであり、そのような信頼を抱いたことについては相当の理由があるというべきである。したがって、ユーザは、信義則上、ベンダに対し、上記の信頼を裏切って損害を被らせることのないよう配慮すべき義務を負っていたものである。

　裁判所は、ユーザの契約締結拒絶は不法行為を構成するものだとし、損害賠償の支払いを命じました。いくらベンダを裏切るつもりはなくても、勝手に値引きを期待して、その作業進行に Go サインを出してしまうのはやはり問題だというわけです。

「値引きしてくれるだろう」は誰にでもある甘い期待

　こういった事例をこのように客観的な視点で読んでいる分には、「やっぱり、正式契約なしにベンダに作業なんかさせるべきではない」「ベンダの値引きを当て込んで、Go をかけるなんて、甘すぎないか？」と冷静に見ることもできるかもしれません。しかし、実際に当事者になってみると、こうしたことをやってしまいがちです。新システムの稼働時期が徐々に迫り、一刻も早く作業着手をしてほしいという焦り。「ベンダというのは、なんだかんだ言っても、"お客様"である自分達の要望には応えてくれるものだし、今回もきっと……」という甘い期待。こうした冷静な判断を狂わ

す思いは、どんなユーザだって持ってしまうものではないでしょうか？特にユーザサイドの担当者が管理職や、その下の担当者クラスだった場合、つまりシステムの稼働時期も費用も自分では決められない人の場合、結局はベンダに無理を言って納期と費用を守ってもらうこと、つまり、この例のように、作業だけは早めにやらせておいて値引きを要求する以外に手立てがないと考えてしまうのも、わからないではありません。

　もちろん、こうしたことは裁判所からは、「ユーザの信義則違反」だと言われ、不法行為に基づく損害賠償を命じられるハメになってしまうわけですから、やってはいけないことになります。

交渉がうまくいかないときにはステアリングコミッティ

　では、どうするのか。答えはシンプルです。契約交渉の場に費用やスケジュールを変更できる立場の人を引きずり出すことです。ベンダとの交渉がうまくいかずにプロジェクトを開始できないとなったら、なるべく早くこうした有権限者（いわゆる、プロジェクトオーナ）に出てきてもらい、交渉に参加してもらいます。ユーザ側のシステム担当者なら、エンドユーザ部門から言われたシステム稼働時期を厳守するしかありませんが、プロジェクトオーナクラス（たとえば役員や、上級管理職クラス）であれば、経営的な観点から、スケジュールの調整が必要と判断すればエンドユーザを説得できますし、費用についても同じことです。

　できればベンダ側にも同等クラスの偉い人（このプロジェクトは、ここまでなら値引いてもよいと判断できる人）に出てきてもらい、話し合いに参加してもらうことが有効です。

　この双方の偉い人同士の話し合いの場を、よくステアリングコミッティと呼びます。この人達が早い段階から話をして、双方の妥協点を探っていれば、少なくともこの裁判のようなことは避けられたかもしれません。

第14章

「契約確実」という言葉は
信義則違反？

第Ⅱ部　信頼関係

　システム開発契約を巡る紛争というと、ユーザかベンダのどちらかが契約上の債務を履行しない債務不履行や、納品したシステムに欠陥があって契約の目的を果たせないという瑕疵に関するものが定番ですが、それらはあくまで「契約あって」の紛争です。システム開発に関わる契約書には、ユーザとベンダが交わした「私（ユーザ）はお金を払いますから、あなた（ベンダ）はこういうことをしてください」という約束事が書かれています。どちらかが約束を守らず、何らかの損害が発生したときに、その賠償を求めるというのがIT紛争の一般的な形と言ってもよいでしょう。

契約前にベンダに作業をさせるのは許されるか

　では、一方で契約前の場合はどうでしょうか。契約前でもユーザがベンダに迷惑をかけることはあります。「客の立場をよいことに」と言うと少し言葉が過ぎるかもしれませんが、ベンダに無償で様々な作業をさせて損失を被らせるようなことがIT業界では珍しくありません。発注をちらつかせてベンダに様々な情報提供をさせたり、場合によっては一部のプログラムを作らせたり、テストをさせるようなことだってあるわけです。ベンダとすれば、一時的に多少の赤字を被っても、後で発注をしてくれるなら……と我慢をするわけですが、結局、ユーザが発注してくれず、ベンダはそれまでにかかった費用を全く回収できないということも現実にはいくつもあります。

　確かに契約がないわけですから、ベンダは費用を請求したくても、その理由がない（ユーザには債務がない）ようにも思えますが、本当にベンダは泣き寝入りするしかないのでしょうか。ユーザには、本当になんの債務も発生しないのでしょうか。本章では、そんなことが争われた判例をご紹介したいと思います。

96

第14章 「契約確実」という言葉は信義則違反？

ユーザが「契約確実」という言葉を反故にした事例

（東京地方裁判所 平成20年9月30日判決より）

　平成19年の初頭、自動車販売業者（以下 ユーザ）が自社ホームページのリニューアル等の作業を委託しようと考え、あるITベンダに声をかけ、両者は平成19年7月1日のオープンという認識を共有しながら商談を続けた。

　3月に入り、ベンダの担当者が、7月1日にオープンするためには作業を4月1日に開始する必要がある旨を申し出たところ、ユーザ担当者は本件契約については上層部の感触も悪くないことから契約書案を作成してほしいとメールでベンダに依頼した。これを事実上の内定と考えたベンダはユーザに「このたびは、弊社にご依頼をいただける方向で進めていただきありがとうございます。」などと返信し、両者は作業開始日や納期等の打合せを重ねた。その際、ベンダが「契約締結が遅れると納期も遅れる」と伝えると、ユーザからは「契約締結は間違いないから納期を守ってほしい」との返事があり、これを受けたベンダは3月29日に契約書案を送付した。

　このときユーザはあるフリーエンジニアの採用を決めていた。実は、このフリーエンジニアが入ると、本件のシステム開発を一人で完遂させることができる能力の持ち主だったらしい。つまり、このエンジニアが入社するとホームページのリニューアルをベンダに任せる必要がなくなるのだが、その時点ではエンジニア側がユーザへの入社意思を固めていなかったことから、ユーザはベンダとの商談も打ち切らずに続けていた。

　ベンダはユーザのフリーエンジニア採用については知らされないまま商談を継続し、4月6日頃からは実質的な作業に入っていた。ユーザ担当者も、そのことは認識していたが、4月になってエンジニアの入社が決まったことから、13日にユーザからベンダに契約締結をしない旨の通知を行った。それはユーザとベンダが契約締結日として合意していた4月18日の5日前のことだった。

97

第II部　信頼関係

　ベンダはこれについて、双方の契約は事実上成立していると考えられ、仮に成立していないとしても、それはユーザによる契約締結上の過失であり、いずれの場合も損害賠償の対象にあたるとして約760万円を請求する訴訟を提起した。

ベンダにはユーザが考える以上の損失が発生している

　ベンダの立場からすると、こんな商談の進められ方をされるのは確かに迷惑千万です。たとえメールや口頭でも「契約は間違いない」と言われれば、契約後すぐに作業を始められるように開発用サーバなどを準備し要員をアサインします（もしかしたら別のプロジェクトに参加させようとしていたメンバーを剥がして、こちら側に振り当てるかもしれません）。

　ユーザ側の方は「開発用の機器などは新たに準備せずベンダ社内のものを使いまわすから問題ないだろう。要員は本来参加するべきだったプロジェクトに戻せばよいだけ」と考えるかもしれませんが、ITベンダの実態というのは、想像以上に逼迫しています。開発機器はお金を出してリースやレンタルで手配し、要員も必要となるプロジェクトでは、すぐに別メンバーを外注などで埋めてしまうので、簡単に「契約をなかったことに」というわけにはいかないのが普通です。まだ何も作業が始まっていない段階でも、数百万、数千万のお金を使ってしまっている場合が多いのです。

　この裁判では、4月6日以降ベンダが先行して行った作業の費用と、無事に契約を締結していれば得ることのできたはずの利益（逸失利益）の賠償が求められました。裁判所の判断はどうだったでしょうか。

（東京地方裁判所 平成20年9月30日判決より）

　（裁判所は、まず本件について、実質的に契約は成立していないとの判断をして、契約上の過失による損害について次のように述べています。）

第14章　「契約確実」という言葉は信義則違反？

　４月初めの時点で見ると、ユーザは自社で開発をする方向に動いており、ベンダとの契約締結が確実なものなどとは到底いえないものであったのに、ユーザの担当者は、ベンダに契約締結が確実なものと誤信させる言動をし、かつ、納期を守るためには４月初めから作業を開始する必要があるためＸが４月初めころから作業に入ることを十分認識しながらそれをそのままにしていた。

　このような行動は、契約締結に向けて交渉をしていた者としての信義に違反するものといわなければならない。

　裁判所はこのように述べて、ユーザに損害賠償を命じる判決を言い渡しました。やはり「契約は確実」などと言ったユーザの担当者はいかにも軽率であった、あるいは不誠実だったと言わざるを得ません。

ベンダに「契約確実」と誤信させる行為は損害賠償の対象

　他のベンダであれ社員であれ、ベンダにとってのライバルがあるなら、商談中にその旨を告げ、契約が確実でないことを告げるべきです。紹介した文中にはありませんが、この判決ではこのことを「ユーザの注意義務」と述べてユーザを戒めています。もしかしたらユーザ側の方の中には、ベンダというのは契約が確実だと言っておいたほうが一生懸命にやってくれるとお考えの方もいるかもしれません。

　しかし実際のところ、やる気のあるベンダというのは、ライバルがいるからといって一度約束した情報提供や可能な範囲でのプロトタイプ作成などを断ったりはしません。もし、ライバルの存在を知った途端に距離を置くようなベンダなら、正式契約後のプロジェクトにおいても逃げ腰で作業をするので、そもそも契約しないほうが得策というものです。

　ただ、当然のことですが、ユーザがベンダに営業行為を超えた作業をさせることはルール違反です。客の立場を利用して、本来、有償となるべき作業をさせるのはやはりルール違反です。契約前に設計やプログラム作成（営業のためのデモプログラムなどは除きますが）をさせることは慎むべ

99

第Ⅱ部　信頼関係

きで、そんなことをユーザの立場を利用してベンダに依頼するのは、ただのワガママです。

　また注意をしていただきたいのは、もしもベンダが勝手に契約を当て込んで作業をしたとしても、ユーザがそれを知った場合には、それを注意して中止させる必要があります。これはユーザの注意義務違反になってしまいますので、このあたりはユーザのほうもベンダの行動をよく注視しておく必要があります。

ベンダも契約前の作業には多面的な確認とリスクテイクが必須

　逆に、この判決からベンダの方にも注意していただきたいことがあります。実は、この判決は確かにベンダ側に有利なものではありますが、認められた損害は4月6日以降にベンダが行った作業の費用である約33万円にとどまっています。ベンダのほうには、これよりもはるかに大きな損失が出ていると思いますが、それらについては認められていません。

　この事件でまずかったのは、ベンダがユーザ側の一人の担当者の言葉だけを信じていたことです。たとえ契約が確実だと言われても、正式な契約書や発注書が出ないのなら、他のユーザ側メンバにも確認してから準備を始めるべきですし、その上に、それでも契約はなくなるかもしれないというリスクを考えておくべきです。ある程度の規模のベンダであれば、契約がなくなることによる損失をあらかじめ覚悟しておくべきですし、それができない規模のベンダであれば、やはり正式な内示や契約までお金のかかることは控えるべきでしょう。

100

第 15 章

突然の契約継続拒否に
狼狽するベンダ

第Ⅱ部　信頼関係

　本章では少し内容を変えて、"ベンダとの上手な別れ方"についてお話しします。取り上げるのは、今後も継続を期待していたベンダが、突然「もう契約延長はしない。」とユーザに告げられ、狼狽した結果、裁判を起こしてしまったという事例です。

　後述しますが、この裁判は若干、ベンダ側の"無理筋"に見えてしまいます。しかし、やはり裁判などを起こされてしまうと、ユーザ側にも有形無形の損害が生じます。そうしたことにならないよう、ユーザ側として気をつけておきたいこと、逆にベンダの方であれば、この事件のような保守契約においてユーザから愛想を尽かされないために行っておきたいことについて考えてみたいと思います。

保守契約の延長を拒絶されたベンダが損害賠償を求めた裁判

（東京地方裁判所 平成 25 年 7 月 10 日判決より）

　あるユーザ企業が、自社の人材紹介サイトと求人サイトの保守作業をベンダに依頼した。契約期間は各々 1 か月と 3 か月という短期間のものだったが、このベンダは、これまでも、これらのサイトの保守を継続して行っており、本契約も、それを延長したものだった。また、契約書には、この契約についても、満了前に双方から申し出がなければ、契約は自動継続されることも取り決められていた。
　ところが、この保守作業で改修したプログラムには複数の不具合があったこと等、ユーザ企業は保守ベンダの作業品質に不満を覚え、今後は、当該契約の更新を行わない旨を通知した。
　本契約の終了後も、これらのサイトの保守契約は継続されると考えていたベンダは、契約の更新拒絶は不法行為に当たり、少なくとも将来 1 年分の利益は得られたとして、約 2660 万円の損害賠償等を請求した。

第15章　突然の契約継続拒否に狼狽するベンダ

　皆さんはこの事件の概要を読んで、どのように感じられたでしょう
か？　正直なところ、私はベンダがこの訴えを提起したこと自体に首を捻
らざるを得ませんでした。期間中の契約解除ならまだしも、ベンダの作業
品質に不満があるので契約を更新しないことのどこが不法行為にあたるの
か、理解に苦しむというのが私の率直な感想です。

　判決文を見る限り、ベンダが不法行為を訴える理由は、①この契約が、
当然に継続が期待される保護すべき契約であること、②更新拒絶の理由・
手続・態様が信義則に違反すること、この２点のようです。

　①についてのベンダの言い分は、「今まで長く保守作業をさせてもらっ
て来たので、当社（ベンダ）は、当然に、継続を期待していた。これを突
然、一方的に解除されることは、当社に重大な不利益を被らせるものであ
り、これは簡単には契約延長の拒絶をすることのできない保護されるべき
契約だ」ということのようです。

　また、②については、「保守開発において作成したプログラムに不具合
があったことは認めるが、そもそもソフトウェアには不具合の混入は不可
避のものであり、契約延長拒絶の理由にはならない」とするものです。

　しかし、正直、この言い分には無理があります。裁判所もこのベンダの
言い分を受け入れることはなく、次のような判決を下しました。

ベンダの作業品質に不満があれば、契約延長の拒否はユーザの自由だが……

（東京地方裁判所 平成 25 年 7 月 10 日判決より〈続き〉）

①について

　本契約については、それぞれ運用業務委託期間を１か月又は３か月
と定めて個別に契約書が作成され、（中略）（ベンダが）期間満了後に
当然に継続されることを事実上期待していたとしても、もともと本件
各個別契約は期間の定めのある契約であるから、約定期間満了により
終了するのが原則であり、（中略）契約継続についてのベンダの期待
は法的な保護に値するものではない。

103

第Ⅱ部　信頼関係

②について

　ベンダにおいて、ユーザ企業の要求するような水準のサービスを（中略）提供することができないときは、ユーザ企業には本件各個別契約を継続するか否かを決定する自由があるのであり、（中略）企業間の取引として、何ら信義則に反するものではないというべきである。

　契約書に定められた期限が来るとき、それまでのベンダの作業に不満があるならユーザは契約の継続を解除できるという、至極もっともな判決でした。正直、こんな訴訟を起こされてその解決のために多くの時間と費用、それに人手を費やしたユーザ企業はいい迷惑だったと同情せざるを得ない気持ちにさえなってしまいます。

　しかし、そうは言っても、実際にこうして裁判を起こされることもあるわけですから、ユーザ側もベンダとの関係を断ち切るには注意が必要ということでしょう。

ユーザ側は厳しい態度も必要

　まず、ユーザ側の方に申し上げたいのは、ベンダには敢えて厳しい目を向け、あまり物わかりのよいお客さんにはなってはいけない、ということです。自分達が厳しい目を向けていることをベンダに理解させる、と言ってもよいかもしれません。この事件のような保守契約の場合、定期的に会議などを開いてシステムの状況をヒアリングすることがあると思います。そうしたとき、ユーザの作業や報告に不満や疑問があるなら積極的に発言し、ときには厳しく是正を求めることが必要です。そうしたことを看過して人のよい対応に終始していると、ベンダの作業品質は向上しませんし、ベンダは今のままの作業でよいのだと、ある意味甘えてしまいます。

　そうした状態で契約を継続しないと通告すると、ベンダは大いに慌てて、この事件のように裁判まで起こされてしまうこともあります。結果的にユーザが勝つ裁判であったとしても、裁判というのは何年間にもわたってユーザ側の主要メンバーの工数を割くものですし、外部から自社を見る目にも影響するので、経営的な観点から見ても、それなりの損失を被りま

104

す。裁判に勝ったところで、失うものこそあれ、得るものは殆どないので、こうしたことは避けるべきです。日ごろから不満があれば伝えて是正してもらえれば良し、是正されないなど問題があるなら、早い段階から契約の延長をしないことをベンダに申し渡して、それなりの覚悟をしてもらえば、訴訟を提起される危険を減じることはできます。

ベンダ側が心掛けたいこと

　次に、ベンダ側の方に申し上げたいのは、いかに継続的に契約を更新してきたお客さんであっても、作業品質に問題があれば、いつでも契約更新を拒否される可能性があるということです。この事件のような保守契約では、特にベンダは次の契約も自然と転がり込んでくると思いがちですが、ユーザの意識は少し違うことを認識すべきです。ユーザは、常にベンダの作業が費用に見合っているか、もっと安い費用でやってくれるところはないかと厳しい目でベンダを見ています。常時、作業品質の維持向上に努め、また定期的に顧客満足度調査を行うなどしてユーザ側の不満を調査し、不満が大きくならないうちに改善策を打つことが必要です。この事件のベンダは、そのあたりの対応が不足していました。

　また、この事件のユーザは、作業期間中にベンダに対して「今後は、もっと大きな案件がある」と、ベンダとの関係をより強固にしたい旨の発言をしていたようです。少なくともこの事件の経緯と判決を見る限り、そうした言葉も額面通りには受け取れないようです。

　いずれにせよ大切なことは、日ごろからの率直なコミュニケーションです。ユーザからベンダに対してはもちろんですが、ベンダのほうもユーザに対して不満があれば伝える姿勢が必要です。お互いが早い段階から率直にものを言い合える仲になっていれば、こんな空しい裁判に遭遇することもないでしょう。

第16章

不具合を直しきらずに
契約解除したベンダ

第Ⅱ部　信頼関係

　本書の元となった連載を始めて随分経ちますが、残念ながら、情報システムに関する紛争というのは、なかなか減る気配を見せません。とりわけユーザ側の要件定義に関する問題と共にその数が多いのは、ソフトウェアのバグなどの不具合に関する問題です。"納入物に不具合がある。これは納入したベンダの債務不履行だから、代金は払わないし損害賠償も請求する。"と主張するユーザに対し、ベンダが、"情報システムにはどうしても多少の不具合が残存するもので、それがあったからと言って債務不履行にはあたらない。"と反論をする。もう、IT 訴訟の定番中の定番と言ってもよいくらいに典型的な紛争例です。

　ソフトウェアの不具合については以前にも取り上げたことがあるのですが（http://enterprisezine.jp/iti/detail/6662 参照）、なんと言っても、訴訟の数も多いですし、また少し違うポイントを含む裁判の例があったので、平成 28 年に判決の出た別の裁判の例をご紹介したいと思います。事例は、医療用ソフトウェアを組み込んだ機器のお話で、純粋なソフトウェアのバグについてのものではありませんが、機器に組み込まれたソフトウェアのバグも含めて多数の不具合に苦しんだユーザとベンダという意味では同じものです。判決文から事件の概要を見てみましょう。

システムの不具合を巡る裁判の例

（東京地方裁判所 平成 28 年 2 月 26 日判決より）

　医療機器・医療ソフトウェアの販売業者が、あるクリニックに医療システム機器を納入したが、納入物には不具合が多数あった。販売業社はシステムの不具合について原因の調査と対応検討を続けたが、システムそのものは、一応、稼働していたため、クリニックに代金の支払いを求めた。しかしクリニック側は、不具合が業務に支障をきたしているとして、代金を支払わずにいた。不具合対応を続けていた販売業者だったが、いつまで経ってもクリニックが代金の支払いに応じないことから、ついに契約を解除し、機器の返還と損害賠償等を求めて訴訟を提起した。一方、クリニック側は、販売業者が作業を止めてし

まったことは、債務不履行であるとして、瑕疵担保責任に基づく損害賠償を求めた。

　なお、販売業者は、不具合対応中、クリニックの求めに応じて、謝罪と、不具合の再発防止を約束する文書を交付していた。

これは医療システムのお話ではありますが、いつまで経っても解消しないため、ユーザが代金の支払いを求めたことなど、ソフトウェアの開発でも同じようなケースがいくつもあります。

　概要説明にもある通り、このシステムは全く動作しなかったわけではなく、ある程度、業務にも使えていたようですが、クリニック側は、あまりに不具合が多く業務に支障が出るので、これを解消するまでは代金を払わないと考えたようです。いくら形ばかり動いても、そのためにかえって業務の生産性が落ちるような有様では、代金を支払いたくないと考えるクリニック側の気持ちもわからないではありません。

不具合を直しきれなかったベンダに代金を支払う必要があるのか

さて、この裁判は、どちらの勝訴だったでしょうか。やはり、不具合を直しきらないまま契約を解除してしまったベンダは不誠実だったでしょうか。それとも、まがりなりにも動いているシステムに代金を支払わないのは許されないことなのでしょうか。判決文の続きをご覧ください。

（東京地方裁判所 平成 28 年 2 月 26 日判決より）

　販売業者には、本件機器を引き渡して、不具合なく正常に作動するよう設置する義務があったにせよ、その義務は引渡後直ちに履行すべきことまで要求されるものではなく、本件機器の作動状況を随時確認しながら、不具合が生じた場合には、その原因を調査の上で特定し、その解消のため必要な対応をすることで足りるものというべきである。

第Ⅱ部 信頼関係

> （略）
> 　販売業者は、クリニックから本件機器の利用に際して種々の不具合が生じているとの指摘を受け、その確認を行うと共に、（中略）、不具合の発生を確認できないものも含め、クリニックの指摘する種々の不具合の原因の究明とその対応策の検討を進め、これをクリニックにも示して対応に当たっていたが、（中略）策定された計画の実施に至らなかったというのであるから、少なくとも、（中略）義務について履行の提供がされていたというべきであり、販売業者の債務不履行（不完全履行）があったということはできない。

不具合を解消しきれなくても、債務は履行している

　裁判所は、このように販売業者に有利な判断を下しました。システムに不具合が残っていたとしても、まずは納品されて稼働はしていたこと、そして何よりクリニックの指摘した不具合の解消には至らないまでもその対応を販売業者が続けていたことが、この判断においては評価されたようです。別のソフトウェアを巡る裁判でも、ベンダが残存した不具合について遅滞なく対応したことを評価して債務を履行していると裁判所が判断した例がありますが、本件の場合は、その対応が完了していなくても、とにかく真摯に調査と対応を行っていたことが大きかったようです。

　たとえ不具合が残っていても、まがりなりにも動作し、不具合への対応を真摯に行っているなら、やはり代金は支払わなければならないということです。

　大金を投じて作ったシステムが、期待通りに動作せず、かえって業務の足を引っ張るものだったとしても代金は予定通りに払えということですから、ユーザサイドから見ると少し厳しい判断のようにも見えます。しかし、この医療システムに限らず、ソフトウェアや情報機器にはどうしてもバグはつきものであり、中には、いつまでも原因をつかめないものも少なくありません。それを理由に支払いを拒んでいては、正直、どこのITベンダも商売が成り立たなくなってしまいます。そういった観点からする

110

と、このように、ベンダの真摯な対応を評価した判決も、ある程度、現実的と考えることもできます。

そうは言っても、この考え方がいつでも通るなら、結局ユーザは役に立たないものを納められても代金だけは予定通り払え、ということになります。これでは、怖くてシステム導入ができません。そもそも、このユーザには何が足りなかったのでしょうか。私が思うに、この契約には、システムの完成基準というものがありません。受入テストの結果、システムがどのような状態なら完成とみなすか、つまり、不具合がいくつ以下であれば多少の不具合はあっても導入の目的に沿った動きをしてくれることを完成の基準とするかを、契約書か、その別紙に定義しておくべきでした。両者が合意した契約であれば、民法上の債務不履行の考え方とは別に双方の役割と責任を定義できますし、業務に支障が出るほどの不具合を持つシステムに代金を支払わなくても済むようになるはずです。

契約書には、必ず、システムの完成基準を明記することを、強くお勧めしたいところです。

ベンダの謝罪があっても、それは評価されない

さて、この判決には、もう一つ、着目すべき点があります。判決文にも書いたように、この不具合の対応中、販売業者は、クリニックに謝罪文を出しています。このような例は他の裁判でも時々見かけることがあり、発注者であるユーザは、これを証拠として、ベンダが自ら非を認めていると主張します。

しかし、この判決でもそうだったように、実際のところ、こうした謝罪の文書だけで、ベンダの非を認定することは、あまりないようです。もちろん、その文面に、ベンダの責任が客観的に見ても明らかであると判断できる内容が記載され、それを事実と両者が認めるなら別ですが、少なくとも、ただ謝っているだけの内容ではあまり有効な材料とは扱われないようです。

お客様が怒っているので、とにかく謝ろう。客商売であるベンダにそうした心理が働くことは、裁判所も十分に承知しています。

第 III 部

他の注視すべき
IT紛争

第17章

開発に失敗したら
パッケージソフトの代金も
返してもらえる？

第Ⅲ部　他の注視すべきIT紛争

システムを導入する際には、もちろん、要件の確認や社内の意見統一など、ユーザ側が行わなければいけないことは多々あります。その中でも特に重要なのは、「契約」の精査ではないでしょうか。

システム導入の契約書を精査していますか？

これは私の経験に基づく話で、必ずしも全てがそうというわけではありませんが、システム導入の契約書は、ベンダ側にもユーザ側のシステム担当者にも、通常、あまり熱心に精査されず、双方の法務部門に任せたり、前例をそのまま踏襲したりすることが多いようです。しかし、そうしたことが原因でトラブルになり、訴訟に発展する例も少なくありません。

本章で取り上げる判例は、簡単に言えば、パッケージソフトを利用したシステム開発のプロジェクトが失敗したとき、使用予定だったソフト自体の売買契約もなかったことになるのかという話です。結果として使うことのできなかったソフトの代金をユーザ企業は、それでも支払うべきなのかどうか？　それとも、失敗したのだから自動的にパッケージソフトの契約もなかったことになるのか？　そのあたりについて考えてみたいと思います。

システム開発契約とパッケージソフトの売買契約の関係が問題になった例

まずは、判例の概要をご紹介しましょう。

（東京地方裁判所 平成 24 年 5 月 30 日判決より）

　販売・生産管理システム開発を計画したユーザ企業が、パッケージソフトを使用したシステムの開発を提案したベンダと契約を結んだ。開発は、細分化され順次、個別契約と納品が繰り返される形式で実施

116

されたが、先行して納品されたシステムからは本稼働後に数々の不具合が発覚し、結局、実施中の開発プロジェクトは中止された。

　ユーザ企業は、ベンダに対して既払い金の返還等、約1億9000万円の支払いを求めて訴訟を提起した。

　この文の後半にある"既払い金の返還等、約1億9000万円"の中にはシステム開発に使用するパッケージソフトの代金（約3500万円）〈売買契約〉が含まれています。つまりユーザは開発が失敗した以上、パッケージソフトは無用の長物なのだから、その分の代金も返してほしいと訴えているのです。ところがベンダは返還を拒みます。実はパッケージソフトウェアの売買とシステム開発サービスは別の契約になっていました。「片方がダメになったからといって、自動的にもう片方がなかったことにはならない。パッケージソフトウェアは独立した納品物なので、その分は払ってもらう」との主張です。

使えないソフトウェアに代金は払うのか

　正直、使えないソフトウェアなのだから代金を返してほしいというユーザの気持ちはよくわかります。たとえば服をオーダーメイドするとき、洋服屋側が原因で完成しなかったらどうでしょうか。この事件では、お客さんは代金を返してほしいと主張して、洋服屋さんは、服の生地は別契約で売ったから返せないと言っているわけです。通常の世界ではあまり聞かない理屈ですね。

　しかし、二つの契約が全く別になっている、この契約を杓子定規に捉えると、確かにパッケージソフトの代金請求は、システム開発の成否とは関係ないという考えが成り立ちます。ベンダが3500万円の返金を拒む論拠はここにあるのです。

　そこでユーザ側は訴訟を提起するにあたり、そもそも、このパッケージソフトの契約自体が、ユーザ側の勘違い（「錯誤」と言います）に基づくものであり無効だという主張をすることにしました。民法上では、錯誤に基づく契約は確かに無効になります。たとえば、プラチナだと思って買ったものが、実はアルミニウムだったというようなときには、買い手に「錯

117

誤」があったとして、売買契約は無効になり代金が返還されます（もちろん、これが適用されるには様々な条件（要件）をクリアする必要はありますが）。ユーザ側はこの考え方を利用して、このパッケージソフトウェアの売買契約は "システム開発が当然に成功するとの誤解（錯誤）に基づいており無効" だと主張することにしたのです。

　結果はどうだったでしょうか。残念ながらユーザの主張する「錯誤」は認められず、3500万円は返してもらえませんでした。裁判所は、このことについて次のようなことを言っています。

（東京地方裁判所 平成24年5月30日判決より）

　また、ソフトウェア、ミドルウェアの購入契約について、本番システムの稼働が契約の要素になっており、要素の錯誤があったから無効であるというユーザの主張については、契約後に生じた開発中止という事情によって錯誤があったとはいえない

　契約の当事者が「錯誤」を主張するなら、本当に錯誤があったのか、ベンダ側に錯誤を誘発するような言動がなかったかなど、もう少し調べることがありそうな気もするのですが、裁判所は実にあっさりと「契約後に始まった開発の中止」では錯誤の要素にならない、と退けています。結果、ユーザ企業は使えなかったパッケージソフトウェアを抱えることになってしまったわけです。もちろん、このパッケージソフトウェアを使って別のベンダに開発を依頼することもできますが、パッケージソフトウェアありきでベンダを探すのは困難で、場合によっては高い金額を吹っ掛けられることもあります。それでもベンダが見つかればよいほうかもしれません。ユーザの忸怩たる思いは察するに余りありますが、判決は判決ですから仕方ありません。

118

使えないソフトウェアを抱え込んで困らないために

　では、本来、どうすべきだったのでしょうか。対応策は色々あると思いますが、一番シンプルに考えるなら、やはり二つの契約をきちんと関連付けておくべきでした。"パッケージソフトウェア代金の支払いはシステムの完成が条件であり、もし、システム開発が失敗に終わったときにはパッケージソフトのライセンスを返還する代わりに代金を支払わないとする"といったことを契約書上に明記することが一番わかりやすいでしょう。パッケージソフトの売買契約書に書くか、システム開発とパッケージソフトの契約書の上位に基本契約書を作って、そこに明記してもよいと思います。

　実際のところ、私の経験では、こうしたケースでベンダがパッケージソフトウェアの代金返還を拒む例はあまり聞いたことがなく、多くの場合、ベンダが損失を被る例が多いと思います。しかし、実は契約書に明記がない限り、ベンダにはそこまでする義務はないというのが、この判決の言っていることです。同じようなケースで、ベンダがパッケージソフトウェアの代金まで返還するのは、あくまで今後の商売を考えてのことであり、もう付き合う必要がないと考えるユーザに対しては返金などしてくれないかもしれません。今回のような契約だと、それでも特に問題はないのです。思い出してみると、服をオーダーメイドするときには生地と仕立て料を別々に契約することはありませんよね。そういった契約なら、服ができなかったときに生地の代金だけは払ってほしいなどとは言われません。

　やはりユーザ側のシステム担当者は契約について法務部門に任せたり、安易に前例を踏襲したりするのではなく、システム開発で発生する様々なリスクを考慮して契約書を作成する必要がありそうです。

第 18 章

人工知能時代の権利争い

第Ⅲ部　他の注視すべきIT紛争

　今は「第三次AIブーム」とも言われる時代で、「深層学習」「自然言語処理」などのキーワードの下、日々、人工知能のできることは増えています。これまでのブームと異なるのは、いよいよ人工知能の技術が実際の業務に使える目途が立ち、研究室から外に出て活躍し始めたという点でしょうか。川崎市の子育て相談などのチャットボットは、既に多くの市民の好評を得ていますし、深層学習でモノの形や色、材質を正確に見分けられるようなゴミ分別ロボットも実際に活躍中です。職場のRPAもある意味では、人工知能にあたりますし、自動車の自動運転も技術的には、かなり完成形に近いと言ってもよい段階です。

AIブームにおける新たな問題とは

　そんな時代になってくると、今度は、この人工知能を巡るIT紛争もその数を増してくるのかもしれません。本章でご紹介するのは、そんな人工知能時代の特許を巡る問題です。もっとも、この事件自体は、一方の会社がAIによって作成した会計サービスが、別の会社が非AI（通常のプログラミングに基づくデータベースのテーブル参照）で作ったサービスの特許権を侵害しているというもので、二つの違いは、わりとハッキリしています。しかし、この裁判の事例を見ていくうちに、もしこれがAI対AIの問題であったら、特許や著作権を巡る権利争いというものが非常にわかりにくくなるだろうという危惧を抱きました。そして、そのような場合に備えて、サービスを展開する組織や企業は、どのような備えをしておくべきなのかを考えるようになりました。本章でご紹介するのは、そんなことを考えるようになった裁判の例です。非常に有名な事例ですので、今回は、実名で紹介します。

人工知能の特許を巡る紛争

（東京地方裁判所 平成 27 年 7 月 27 日判決より）

　クラウド会計を提供する freee が、同じく家計簿やクラウド会計を展開するマネーフォワードに対して特許権侵害を理由とした「MF クラウド会計」の差止請求訴訟を起こした。

　freee 社は、ユーザ企業の社員が経費精算を行う際、精算に関わる摘要や金額情報を各種金融機関やクレジットカード会社などから入手し、そこに含まれる文字列などから仕訳項目を自動判別する機能を持っており、これについて特許も取得していた。

　ところが、後続で同様のサービスを展開したマネーフォワード社の経費精算においても、同じようにキーワードから仕分項目を判別する機能があり、これが freee 社の特許を侵害していると訴訟を提起した。

　これに対してマネーフォワード社は、自身のサービスには自動仕訳機能を有しているが、freee 特許に記載されているような自動仕訳ルールではなく、機械学習を用いて自動仕訳を行っているから特許を侵害していないと主張した。

両者の機能の違いと主張

　両者の機能について簡単にご説明すると、freee 社の方法は、裁判所が「キーワード選択＋テーブル参照方式」と名付けたように、摘要に使用されそうな語句をあらかじめデータベースのテーブルに登録しておき、それと一対一で経費仕訳項目と結び付けておく方式です。たとえば「吉兆」という言葉があれば「接待費」、「JR」という言葉があれば「交通費」という仕訳項目をシステムが候補として挙げてくれるというわけです。

　一方でマネーフォワードのほうは、この自動仕分けを人工知能を用いて行います。同社がこれまでの業務で貯めこんできた言葉と対応する仕訳項

第Ⅲ部 他の注視すべきIT紛争

目のセットを学習教材として人工知能に覚えこませ、摘要として入力された言葉に対応する仕訳項目を候補として出してきます。

　入力された言葉から自動的に仕訳項目の候補を出すという部分についてはそっくりですが、その裏にあるアルゴリズム（コンピュータ上の処理手順）は別のものということになります。freee社としては「同じ機能ではないか」、マネーフォワード社としては「違うアルゴリズムだ」という主張になったわけです。

　経費の摘要を入れただけで仕訳項目が自動で出てくるという仕組み自体がアイディアであり保護されるべきものであるという論と、保護されるべきはアルゴリズムであって、その部分が異なる以上、特許権を侵害しているわけではないとする論、皆さんはどちらに分があると考えるでしょうか。

着目すべきはアルゴリズム

　これは、大方の皆さんの予測通りかもしれませんね。裁判所の判断は、マネーフォワード社の主張を支持するものとなりました。

（東京地方裁判所 平成27年7月27日判決より）

　被告（マネーフォワード社）は、これまでのサービスの提供を通じて自らが保有する莫大な数の実際の仕訳情報の中から抽出した膨大なデータを、学習データとして利用することで（すなわち、既に正解が判明している大量の取引データをコンピュータに入力して学習させることで）、新たな取引についても、より高い確率で適切な勘定科目に仕訳することができるようなアルゴリズムをコンピュータに自律的に生成させ、これを本件機能に用いているのである。

124

裁判所は、このように述べて、この場合、着目すべき点は、アルゴリズムと使用技術にこそあるという判断をしました。いくら機能がそっくりでも、アルゴリズムや技術が異なっているなら、freee社の持つ特許権の範囲外ということです。

この判決はコンピュータ技術者だった私から見ても、違和感のないものではあります。同じように見える機能でも、マネーフォワード社の技術者の頭の中にあったアイディアや悩んだ事柄は、freee社のそれとは全く別物であり、それを"人真似"のように言われたのではかないません。この判決は、技術の違いも実証して出されたものなので、技術者的な目線でも納得感のあるものになったと思います。

人工知能を使う企業が今後すべきこと

さて、この裁判はこのように、わりとシンプルな基準で判断が可能だったわけですが、今後、この手の裁判が起きたときには、もう少し事情が異なってくるかと思います。このケースでは、言ってみれば「非AI」と「AI」という形で明確な線引きができましたが、これが、「AI」と「AI」だったらどうでしょうか。

仮に、このマネーフォワード社が自社の人工知能による自動仕訳を特許として登録していた場合（実際にしているのかもしれませんが）、今度は、別の会社が同じような自動仕訳をする機能を世に出すと、すなわち特許権侵害になってしまうのでしょうか。人工知能にこれまでの会計データを学習させ、それを元に仕訳項目を自動設定するという機能は、出願すれば、特許として認定される可能性は十分にあります。しかし、逆に、こうしたアイディア自体は、他のサービス業者でも思いつくことでしょう。そうなると、勝負は、人工知能の持つ思考ロジックということになってしまいますが、ある会社の人工知能と、別の会社の人工知能が異なるロジックで動いていること、あるいは同じロジックで動いていることを証明するのは、かなり困難な作業に思えます。この事例の仕訳項目のようなものの場合、その判断ロジックは、自ずと似通ってくるでしょう。"自然言語学習により言葉の意味を捉え、対応する仕訳項目と結び付ける"ということは皆、同じになってしまいます。そうなると、人工知能を利用したシステム（人

工知能そのものの技術ではなく）というものは、あまり特許にはそぐわないものとなってしまいますが、実際に人工知能に様々な学習をさせてシステムとして作り上げていくには、データの分析法や言葉同士の結び付け方など、様々なアイディアや創意工夫が必要ですので、その権利は、やはり守るべきでしょう。

　正直なところ、こうした問題については、まだ裁判所でも例がなく、今後の判断を待たざるを得ないと思います。

　ただ実際に、人工知能を使って様々なサービスを実現しようという企業や組織の方には、このあたりを自分の資産として整理しておくことをお勧めします。人工知能に実装するアルゴリズム、論理演算の判断基準、データ分析方法、言葉や事象の関連付けの方法。こうした事柄は、人工知能を導入する際、皆が思い悩んで考え出すものですから、一種の知的財産と考えられます。今後、こうした財産あるいは権利について、法律がどのようになり、裁判所がどのような判断をするかはわかりませんが、少なくとも「これは自分のアイディアだ」「創意工夫だ」と主張できるように、それらをドキュメント化しておくことをお勧めします。

第19章

企業のドメインを巡るトラブル
──名前を含むドメインの
買い取りを要求されたら？

第Ⅲ部　他の注視すべきIT紛争

　本書の元となった連載では、システム開発を巡るIT紛争を例に挙げて、そこから、プロジェクト成功のために必要なこと、気をつけるべきことなどを解説していますが、最近のIT判例を見ていると、そうしたこと以外にも、ITユーザが気をつけるべきことが沢山あることに気づきます。本章では、そんな中から企業のドメインを巡るトラブルについて、ご紹介したいと思います。同じようなことは、どの企業に対しても起き得ることです。この判例を見る限り、落ち着いて対処をすれば被害を受けずに済みますが、何も知らずに相手のペースに乗ってしまうと、損害を被る危険もあります。本書の主旨とはちょっと外れますが、注意喚起の意味で敢えてお話しさせていただきたいと思います。

有名企業の名前を含むドメインを取得し買い取りを要求した事件

（東京地方裁判所 平成19年3月13日判決より）

　ある者が、広告代理店最大手の電通に対し、自分が取得したドメインを10億円で買い取ってほしいと要求しました。対象となるドメイン名は、"dentsu.biz"、"dentsu.org"、"dentsu.vc"など、いかにも電通と関連するサイトであると勘違いさせるようなもので、合計8個でした。

　電通は、当然、これに応じることなく、逆に、この人間に対し、ドメインの使用差し止めと登録抹消を行うように求めました。

　「dentsu」という誰もが知る企業の名前を使用したドメインを取得し、しかも、その買い取りを求めているわけですから、正直、悪意を感じざるを得ません。ただ、ドメインの取得は、その名前が既に存在するものでなければ認められる可能性が高いですし、取得費用も大きくありませんので、こうしたことは誰もが簡単にできてしまいます。

　また、ドメインの売り買い自体は、他でも行われてもおり、それ自体が悪というわけではありません。なんとなく悪意は感じるものの、じゃあ、どこが悪いんだと居直られると、さて、どのように対抗すればよいのか。

128

第19章　企業のドメインを巡るトラブル──名前を含むドメインの買い取りを要求されたら？

この手のことに慣れていない人は、ちょっと慌ててしまうかもしれませんね。正確には把握していませんが、実際、こうした要求に応じてうっかりドメインを買い取ってしまう会社もあるそうです。だからこそ、こうした事件がこの例だけでなく、何件も発生するのでしょう。

ドメインの買い取り要求に対抗できるのか

　さて、この事件について裁判所は、どのように判断したのでしょうか。
　そもそも、こうした買い取り要求に対して、法律はどうなっているのでしょうか。実は、この事件のような例に対応するために「不正競争防止法」という法律があります。その中には、平成13年の改正で、「不正にドメインを使用する行為」というものが加わりました。条文を見てみましょう。

（不正競争の類型 第2条1項13号）

　不正の利益を得る目的で、又は他人に損害を加える目的で、他人の特定商品等表示（人の業務に係る氏名、商号、商標、標章その他の商品又は役務を表示するものをいう。）と同一若しくは類似のドメイン名を使用する権利を取得し、若しくは保有し、又はそのドメイン名を使用する行為

　このように、まず、しっかりと「ドメイン」というものが不正競争防止法の対象であることを明らかにし、それを使って不正の利益を得ることや他人に損害を加えるようなことをしてはいけない、と定められています。
　今回の件で言えば、まずドメイン名が類似していることは誰が見ても明らかですし、それを買い取るように要求することは"不正の利益を得る目的"の行為ということになります。裁判所はこうした点を認めて、電通の求めるドメインの使用差し止めと登録抹消を認めた上で、損害賠償までこの行為者に命じることになりました。

129

第Ⅲ部　他の注視すべきIT紛争

不正競争防止法のことを知っておけば、慌てる必要なし

　不正競争防止法のことを知っていれば、こうした理不尽な要求にも慌てずに対処することができます。裁判所にまで話を持ち込まないでも、こうした判例を元に要求をはねつけ、逆にドメインの差し止めを要求することができるわけです。こうした事例は、他にも何件もあり、ほぼ同様の判決が出ています。

　しかし、こうしたことを知らずに、ある日、見知らぬ人間から連絡があり、うっかりドメインを買い取ってしまった会社もあるそうです。そうしたことのないように、このあたりの法律のことはしっかりと知っておく必要があります。知ってさえいれば、何も慌てることはないわけです。

　ただし、こうした例を逆に考えると、たとえば自社の取得したドメイン名が先行他社と類似しており、先方から不正競争防止法に基づいてドメインの差し止めや損害賠償請求をされる危険もあることは、覚えておいたほうがよさそうです。

　ドメイン名が似ていたとしても、自分は不正な利益なんて受けてないから関係ないと考える方もいるかもしれませんが、もしも顧客が自社のドメインと先行他社のドメインを勘違いして何かの商品を買うようなことがあれば、それを不正とする理屈も成り立たないことはありません。ドメイン名を取得する際には十分に注意する必要がありそうです。

130

第20章

中途採用した技術者が
経歴詐称だった

第Ⅲ部　他の注視すべきIT紛争

　IT業界は、労働市場の流動性が高いところで、多くの技術者達が、よりよい待遇や新たな挑戦の場を求めて転職をします。特に最近は、IoTやビッグデータを駆使したシステムをユーザ企業が主導して作るケースも増え、海外では、新しい技術をいち早くモノにした技術者が、よい待遇で転職することが当たり前になっています。日本も例外ではないでしょう。

中途採用希望者の業務経歴書は信用できるか

　さて、中途採用のときに問題になるのは、採用希望者の持ってきた業務経歴書がどこまで信頼できるのかという点です。よりよい待遇を求める技術者達は当然、自分のスキルを高く見せようとします。あからさまな嘘はいけませんが、ある程度は仕方のないことです。そのため、雇い入れる側はそのあたりをうまく見抜いて、採用希望者の等身大の姿を評価しなければなりません。

　しかし実際のところ、こうしたことをきちんと行うのは難しいようで、受入側企業の担当者が経歴書を信じて採用はしたが期待外れだったと嘆く姿は珍しくはないでしょう。本章でご紹介するのは、そんな期待外れの採用を巡る損害賠償訴訟のお話です。

（東京地方裁判所 平成27年6月2日判決より）

　あるWebマーケティング企業（以下 雇用企業）が、Webシステム開発の経験のある技術者を募集したところ、一人の外国人技術者が応募してきました。経歴書には、自分がソフトウェア開発とシステム分析のスキル保有者であり、画像処理に関する提案から実装までの経験を有していること、そして、高度情報処理技術者の資格も複数、取得していることが書かれています。また、日本語のスキルも「ビジネスレベル」とあったので、面接をしたところ、日本語のレベルについては、とても「ビジネスレベル」ではないことがわかりました。

　しかし、経歴自体は、非常に魅力的だったので、雇用企業の担当者は、（おそらく通常よりも安い）月額40万円での雇用を申し出まし

第20章　中途採用した技術者が経歴詐称だった

た。しかし、外国人技術者は、日本語を含めた自分のスキルを繰り返しアピールし、結局、月額60万円で雇用契約が結ばれました。

　両者にどのような会話があったのか、実際のところはわかりませんが、ここで、ちょっと覚えておいていただきたいのは、最初の40万円は、雇用企業側が面接の結果提示した金額であり、後から加算された20万円は、技術者のほうから積極的に申し出たものであるという点です。続きを見てみましょう。

経歴書と面接での嘘を理由に解雇できるか

（東京地方裁判所 平成27年6月2日判決より〈続き〉）

　ところが、実際、仕事をさせてみると、この技術者は日本語がビジネスレベルでないことだけでなく、WEBシステム開発を行う能力も乏しいということがわかりました。それでも数ヶ月間、我慢して雇用を続けたものの、これでは使い物にならないばかりか、彼の低い生産性を補うために、別の派遣社員を雇わざるを得ず、その費用もかさむことから、ついに、雇用企業は技術者に退職を勧告しました。
　しかし、技術者がこれを受け入れなかったため、企業側は、この技術者の経歴詐称等を理由に解雇しました。解雇された技術者は、これを企業の解雇権濫用だとして、裁判所に訴えましたが、企業側は逆に、技術者が自身のスキルや日本語能力等偽って、雇用契約を締結させた行為は詐欺にあたると、損害賠償を求めて反訴を提起しました。支払済みの賃金相当額等の損害として、この賠償を求めました。

　まず、技術者側の解雇権濫用との主張ですが、これは、さすがに認められませんでした。彼の経歴書には、他にもいくつか嘘が含まれていたようですが、やはり、できもしないWEB開発を"できる"と言い切ってしまったのは問題です。程度の問題はあるでしょうが、あまりにあからさまな嘘をつけば、解雇されても文句は言えません。

133

第Ⅲ部　他の注視すべきIT紛争

払った給料を損害として賠償してもらえるのか

　問題は、企業側の主張する不法行為（詐欺）による損害賠償です。企業側の損害をもう少し細かく書くと、次のようになります。

（企業側の訴える損害）

- 技術者に対して、当初提示した月額40万円 × 支払った回数
- 技術者の要求を入れて、増額した月額20万円 × 支払った回数
- 技術者が期待した能力を発揮しなかった分を補填するため、別途、雇い入れた派遣労働者の費用

　いずれも、技術者が経歴を詐称しなければ発生しなかった費用ではあります。全てを技術者に返してもらってもよさそうにも思えますが、実際のところはどうだったでしょう。少し長いので、区切りながら見ていきます。

　労働者が、その労働力の評価に直接関わる事項や企業秩序の維持に関係する事項について（中略）事実と異なる申告をして採用された場合には、使用者は、当該労働者を懲戒したり解雇したりすることがあり得る（後略）

　この部分は前述の通り、嘘をついて採用されれば解雇されても仕方ないと言っています。これは当然のことのように読めます。問題は、次の部分です。

　こういった労働者の言動（事実と異なる申告）が直ちに不法行為を構成し、当該労働者に支払われた賃金が全て不法行為と相当因果関係

のある損害になるものと解するのは相当ではない。また、使用者が業務上の目標とした仕事について労働者の能力不足の故に不測の支出を要した場合であっても、当該支出をもって不法行為による損害とするのは相当ではない。

なんと、解雇はできるが、既に支払った賃金全てを返してもらえるわけではないし、このために新たに発生した派遣社員の費用も請求はできないと言っています。なんだか企業側の"騙され損"のようにも見えてしまいますが、これが裁判所の下した判断でした。

ただ、裁判所も技術者に払った賃金全てを諦めろとは言っておらず、技術者の求めに応じて加算した20万円については損害として認めるとしました。次の部分です。

　労働者が、前記のように申告を求められ、あるいは確認をされたのに対し、事実と異なる申告をするにとどまらず、より積極的に当該申告を前提に賃金の上乗せを求めたり、何らかの支出を働きかけるなどした場合に、これが詐欺という違法な権利侵害として不法行為を構成するに至り、上乗せした賃金等が不法行為と相当因果関係のある損害になるものと解するのが相当である。

このように裁判所は、企業側が申し出た40万円と技術者側が求めた20万円を分けて考えました。どちらにしても嘘を元にした金額ではあるのですが、この判決を見ると、企業側が金額を示すには雇用希望者が出した経歴に嘘や誇張がないかを確認する必要があるということになります。40万円という金額は、企業側が積極的に提示したものであり、そこには「あなたが、経歴通りの働きをしなくても、その金銭的なリスクは、こちらが負います」という意思表示があったと捉えられるのです。このリスクには、派遣労働者を雇った費用も含まれます。

一方で、20万円については不法行為を認めました。「技術者が、経歴書を書いたり面接での質問に答えたりするときに、誇張や詐称があるのは解雇の理由にはなるが詐欺とまでは言えない。しかし、技術者自身が積極的

第Ⅲ部　他の注視すべきIT紛争

にスキルを詐称し、金額の要求までしたことは、やはり損害賠償の対象になる」という判断です。

業務経歴書や面接での言葉は鵜呑みにしない

さて、この判決から言えるのは、どんなことでしょうか。問題は、前半部分の月額40万円と派遣社員の費用が、損害賠償の対象にならなかった点です。端的に言えば、企業は、社員採用希望者の経歴書や面接での言葉を鵜呑みにせず、より詳細な話を聞いたり、客観的に経歴を証明できる証跡の提示を求めたりすべきだということでしょう。以前、私が転職活動をしていたとき、自分のやってきた仕事のうち、最もアピールしたいものを資料化し、30分間のプレゼンをしてほしいと要望されたことがあります。そういった方法で、経歴書が本物であるかどうかを慎重に確認することが大切だということでしょう。

特に、この裁判のように外国人が相手の場合、彼らは、自分のスキルを大きく言いがちです。これは、悪意ではなく、おそらく文化の問題でしょう。自分を安く売るべきではないという考えや「こんにちは」と「さようなら」がわかれば、もう日本語を知っていると言い切れる感覚が採用面接でも時々、顔を出します。ある中国人の友人が「自分にとって"できる"という言葉は、"Can（可能である）"ではなく、"Will（やる意志がある）"だよ。」と、無邪気に言ったことがあります。その意味では、外国人の採用はより慎重である必要がありますが、日本人の中にもこうした人はいるかもしれません。いずれにせよ、経歴書だけを鵜呑みにして採用を決定するのは非常に危険だということのようです。

136

著者プロフィール

細川義洋（ほそかわ・よしひろ）

IT プロセスコンサルタント

東京地方裁判所 民事調停委員 IT 専門委員

1964 年神奈川県横浜市生まれ。立教大学経済学部経済学科卒。大学を卒業後、日本電気ソフトウェア㈱（現 NEC ソリューションイノベータ㈱）にて金融業向け情報システム及びネットワークシステムの開発・運用に従事した後、2005 年より 2012 年まで日本アイ・ビー・エム株式会社にてシステム開発・運用の品質向上を中心に IT ベンダ及び IT ユーザ企業に対するプロセス改善コンサルティング業務を行う。現在は、東京地方裁判所で IT 開発に関わる法的紛争の解決を支援した経験をもとに、それらに関する著述も行っている。

主な著書に、『なぜ、システム開発は必ずモメるのか？ 49 のトラブルから学ぶプロジェクト管理術』『「IT 専門調停委員」が教える モメないプロジェクト管理 77 の鉄則』（ともに日本実業出版社）がある。

紛争事例に学ぶ、ITユーザの心得【ユーザとベンダの役割分担・信頼関係・他 編】

2019年3月14日　初版第1刷発行（オンデマンド印刷版Ver.1.0）

著　者　　細川 義洋（ほそかわ よしひろ）
発行人　　佐々木 幹夫
発行所　　株式会社 翔泳社（https://www.shoeisha.co.jp/）
印刷・製本　大日本印刷株式会社

©2019 Yoshihiro Hosokawa

- 本書は著作権法上の保護を受けています。本書の一部または全部について（ソフトウェアおよびプログラムを含む）、株式会社翔泳社から文書による許諾を得ずに、いかなる方法においても無断で複写、複製することは禁じられています。
- 本書へのお問い合わせについては、2ページに記載の内容をお読みください。
- 落丁・乱丁本はお取り替えいたします。03-5362-3705までご連絡ください。

ISBN 978-4-7981-6188-4　　　　　　　　　　Printed in Japan

制作協力 株式会社トップスタジオ（https://www.topstudio.co.jp/）＋VersaType Converter